세계로TV의 **신가치투자**로 돈 번 사람들

세계로TV의
신가치투자로
돈 번 사람들

· 김원기 지음 ·

⊕ 글로벌북스

나는 아침에 눈을 뜨면 제일 먼저 나의 원동력을 읽으며 하루를 시작한다.

나의 원동력은?
나의 가장 큰 원동력은 나를 아는 모든 투자자들이 부자가 되고 있다는 것이다.
이것은 나의 삶의 기쁨이고 행복이다.

우리 모두 부자가 돼서 이웃을 위해 기부도 하고 더 많은 사람들이 부자가 될 수 있도록
나 김원기를 널리 알려 모든 투자자들이 부자가 되고, 세계 강대국이 되는 것,
이것이 내가 해야 할 일이다.

세계로TV의 신가치투자로 돈 번 사람들
| 차례 |

인생의 마지막 투자법을 찾는 투자자들에게

주식의 세계에 입문한 지 어느덧 29년이라는 세월이 지났다. 그동안 숱한 어려움에 직면하면서 고통에 몸부림을 치기도 하고, 환희와 기쁨 속에서 세상을 다 얻은 듯한 행복을 얻기도 하였다. 주식을 빼놓고 내 인생의 희노애락을 논할 수 없을 정도로 주식은 내 삶의 전부였으며, 지금도 주식은 내 인생의 동반자이다.

내가 어려운 시장에서 꿋꿋이 버텨낼 수 있었던 원동력은 '신가치투자' 때문이었다. 내 인생에 신가치투자는 콜럼버스의 신대륙 발견에 비견할 만큼 위대한 것이다. 신가치투자를 통해 그동안 그 누구도 밟아보지 못했던 투자의 신세계를 밟아가고 있기 때문이다. 많은 투자자들이 신가치투자를 이용해 부를 확장시켰고, 나 역시 마음 편하고 안정적인 투자의 리더로 거듭날 수 있었다.

신가치투자는 '다락방의 기적'이라 불릴 만하다. IT버블이 한창이던 시절, 나는 짧은 기간에 일반인이 상상하기 어려운 큰 수익을 거두었다. '수익은 곧 내 실력이다'고 자만하던 시기였다. 하지만 버블이 꺼지면서 그동안 벌었던 수익이 제로가 되었고, 머지않아 원금마저 허공으로 사라지고 말았다. 실력이 아닌 운이 벌어준 돈이었기에 시장의 폭락과 함께 수익도 운명을 같이한 것이었다. 온전한 정신으로는 견디기 힘든 고통이었다.

생활을 하기 위해 서울 변두리에 작은 분식집을 차렸다. 분식집으로 생계를 유지하면서 분식집에 딸린 다락방에 올라가 주식공부에 매달렸다. 낮에는 일하고 밤에는 다락방에서 숙식을 해결하면서 오로지 나만의 기법을 만드는 데 매달렸다. 워렌 버핏과 벤저민 그레이엄 등의 책을 탐독하고, 과거의 내 실수를 복기하였다. 절대 지지 않는 투자법이 무엇일지 연구하고 또 연구했다. 고군분투한 결과 다락방에서 내려올 때는 내 손에 '신가치투자'라는 신무기가 들려 있었다. 세상을 놀라게 할 기법이 겨우 1.5평 남짓의 좁은 공간에서 창조된 셈이었다.

신가치투자는 시간이 지나면서 빛을 발하기 시작했다. 시간이 지날수록 계좌의 자금이 안정적으로 불어나는 것을 확인하였다. 나 자신이 부의 눈덩이 효과를 직접 경험했으며, 회원들도 신가치투자를 통해 부자의 반열로 올라가고 있다. 주가가 오르면 수익이 나고, 내리면 주식을 싸게 살 수 있는 기회로 작용하기에 올라도 내려도 편안한 마음으로 주식투자에 임할 수 있었다. 이는 실로 놀라운 변화였다.

이 책은 회원들의 수기를 통해 그들이 신가치투자로 부를 증가시킨 과정을 담았다. 고통 받던 사람들이 행복을 찾은 이야기다. 투자서가 아닌 당신의 인생을 구원할 힐링서가 될 것이라 자부한다. 여기에 신가치투자의 핵심비법을 담았으니 완벽하게 숙지하면 주식투자에 자신감이 생길 것이다.

신가치투자에 '가치투자' 라는 말이 붙었다고 하여 하염없이 기다리는 투자법이라 생각하면 오산이다. 신가치투자가 가치투자와 차별화되는 점이 바로 여기에 있다. 빨리빨리에 적응된 한국인의 입맛에 맞게 창조된 투자법이 바로 신가치투자법이기 때문이다. 기존 가치투자가 좋은 기업을 선정하여 주가가 오를 때까지 하염없이 들고 있는 방식이었다면, 신가치투자는 차트를 통해 매집이 이루어진 종목을 먼저 선정하고 그 다음 기업의 가치가 저평가된 종목인지를 확인한다. 매집을 먼저 확인하기 때문에 빠른 시세를 볼 수 있는 것이다. 좋은 종목이지만 언제 상승할지 기약이 없는 단점을 보완한 것이다.

이것이 바로 신가치투자의 장점이자 최고의 매력이다.

신가치투자에서는 주가가 하락하면 손절매 타이밍이 아니라, 좋은 주식을 싸게 쓸어 담을 수 있는 기회이다. 세계로TV 회원들도 주가가 하락하면 저가에 매수할 기회가 왔다며 좋아한다. 위기를 기회로, 공포를 희망으로 잘 활용하고 있는 것이다.

이 책을 내면서 가슴 뿌듯함을 느낀다. 많은 회원들이 자신의 계좌를 직접 캡처하여 성공수기를 올려주었다. 지면에 보이는 그대로 회원들의 실제 매매계좌이며 부의 꿈을 이루어 가는 모습을 보며 보람과 행복을 느낀다. 수익률이라는 확실한 지표로 신가치투자의 우수성을 증명해주었다. 수기를 올려준 회원들 한명한명과 또한 여기에는 싣지 못했지만, 방송 도중 아낌없는 지지와 박수를 보내준 회원들에게도 감사의 말을 전한다.

'사랑합니다. 감사합니다. 덕분입니다' 는 방송 중 회원들에게 매일 하는 말이며, 회사 곳곳에 액자로 붙여놓고 나 자신도 이를 실천하기 위해 노력한다. 투자에 임할 때도 마찬가지다. 겸손한 자세로 수익에 감사하고, 수익이 나면 베푸는 마음을 가진 사람이 진정한 부자라고 생각한다.

아직 내세우기에 많이 부족하지만 나눔에 함께 동참해주신 〈수익금을 기부해주신 분, 배당금을 기부해주신 분, 선물을 기부해주신〉 회원님들께 진심으로 감사와 존경의 인사들 드리고 무거운 책임감을 느끼며 더욱 열심히 해야겠다는 다짐을 한다.

이 책을 읽는 모든 투자자들이 부자가 되기를 간절히 바란다. 신가치투자로 신념을 갖고 투자한다면, 당신도 머지않은 미래에 부의 주인공이 될 것이다. 그 행복한 여행을 이제 출발해보자.

김원기

봄이 왔는데 꽃샘 추위를 한다고 해서
도로 겨울로 돌아가지는 않는다

1장

신가치투자로 돈 번 사람들

세계로TV 회원 매매일지

50대에 새로운 인생이 펼쳐지다

필명 : 부귀영화

안녕하세요. 세계로TV 평생회원 부귀영화입니다. 저는 50대 직장인입니다. 월급으로는 풍족하게 생활하기가 어렵기 때문에 재테크에 대해서 늘 관심을 가지고 있었습니다. 15년 전쯤 동료가 주식으로 돈을 벌었다는 이야기를 듣고 몇 번을 고민한 끝에 따라서 투자를 해보았습니다.

귀동냥으로 들은 종목을 매수하기도 하고 주식공부를 하려고 인터넷 이곳저곳을 서핑하며 무료 카페에서 종목을 받기도 하였습니다.

흔히들 이야기하는 "주식하면 망한다"는 말처럼 나름 시간을 들여 신중하게 매수한다고 하였지만 주식에 대한 기초지식이 없었던 터라 투자한 돈을 모두 잃는 큰 손실을 보았습니다.

물건을 하나 구입할 때도 몇 시간씩 가격과 품질을 비교하며 사는 꼼꼼한 성격인지라 두 번의 손실을 본 이후로는 주식투자는 다시 하지 않으리라 마음먹었습니다.

아이들이 커 갈수록 들어가는 돈도 많고, 나이가 들수록 노후대책으로 어떤 재테크를 해야 하나 항상 고민거리였습니다. '아파트, 다가구, 원룸을

종목명	매입가 ▼	현재가 ▽	수익률	▲
이-글 벳	1,835	7,810	324.36%	
제일바이오	1,565	5,920	277.16%	
오공	1,748	3,700	111.04%	
	5,180	10,400	100.17%	
	2,740	4,215	53.38%	
	1,885	2,785	47.32%	▼

사서 월세를 받을까, 노후연금을 들까, 땅을 사볼까?' 하던 중에 지인의 소개로 김원기대표님의 무료특강 방송을 듣게 되었습니다.

처음 듣는 방송이지만 확신에 찬 목소리로 세계경제의 흐름과 다방면의 해박한 지식으로 설명해 주시는 것에 엄청 놀랐고 신가치투자에 대해서 강의하시는 것을 듣고 소름이 끼쳤습니다. "와~~"라는 탄성이 절로 나왔고, 새로운 세상을 경험한 느낌이었습니다.

그 이후로 대표님의 방송시간이 기다려졌고 2년간 대표님의 무료특강 방송을 빠짐없이 들으면서 대표님이 추천하시는 종목들을 다이어리에 날짜, 매수가를 적으며 체크하였습니다.

그때 추천하신 종목은 아가방컴퍼니, 우성사료, 보령메디앙스, 국보디자인 등이었습니다. 아가방컴퍼니는 3,000원대 추천한 종목이 2만원이 넘어가는 것을 지켜보았고 보통 2배는 기본으로 올라가는 것을 경험했습니다.

점점 대표님의 강의에 빠져들었고 유료회원들의 매매일지를 보면서 더욱 확신을 가질 수 있었습니다. 이제라도 함께하지 않으면 안될 것 같은 확신을 갖고 회원가입을 했습니다. 벌써 제가 가입한 지 3년이 되었습니다.

그동안 모은 돈과 월급은 받는 대로 적금을 붓듯이 매달 대표님의 추천주를 사서 모았고 방송을 못 보아도 불안하지 않았습니다. 2년 여간 대표님의 방송을 보며 믿음과 신뢰를 가졌기 때문입니다.

"씨앗을 뿌리고 바로 캐면 쪽박이다."

"주식에서 번 돈은 고통의 산물이다."

중간에 장이 흔들릴 때면 보내주시는 문자 "마음 편안히 홀딩하세요"는 그 어떤 문자보다도 마음을 정말 편안하게 해주었습니다.

주식장이 급락하고 요동을 쳐도 대표님이 계시니 전혀 걱정이 안됩니다. 우리 대표님은 주식의 최고의 신 맞습니다. 짝짝짝짝짝짝짝! 부귀영화! 대표님께 진심으로 감사드립니다.

신가치투자의 가장 큰 장점은 손절이 없다는 것입니다. 재무구조가 우량하기 때문에 주가가 빠지면 더 싸게 살 수 있는 기회이고 추가로 주식을 더 사도 불안하지 않다는 것입니다. 거기에 배당까지 받으니, 이런 든든한 재테크가 어디 있겠습니까!

신가치투자를 창시한 김원기대표님! 대표님 덕분에 부자가 될 수 있다는 희망이 있고 대표님을 만난 이후로는 제 삶이 즐겁고 행복합니다.

2013년에는 수익금으로 꿈에 그리던 아우디도 샀고 어머니 수술비용과 해외여행, 안마의자까지 사드렸습니다. 살기 빠듯하다는 이유로 용돈 한번 제대로 못 드렸는데 이번에 자식된 도리를 한 것 같습니다. 부모님이 좋아하시는 모습을 보니 행복합니다.

그리고 배당금과 수익금 일부인 500만원을 세계로TV에 기부하였습니다. 대표님이 하시는 나눔에 동참하고 싶고 앞으로도 나누며 살고 싶습니다.

방송중에 대표님이 자주 하시는 말씀 "감사합니다, 사랑합니다, 덕분입니다." 저도 이 말을 가슴에 새기고 생활하니 마음도 편안하고 행복이 차오르는 것 같습니다.

삶의 행복을 더해주는 신가치투자가 전세계에 알려져서 더 많은 투자자들이 부자가 되었으면 합니다. 각박한 세상에서 어려운 이웃을 돌보는 따뜻한 마음을 가지신 대표님, 존경합니다. 그리고 사랑합니다. 늘 건강하세요.

오래오래 대표님과 함께하고자 하는 부귀영화 배상

세계로TV(www.segerotv.com) 매매일지 290번 게시글

대표님의 평생회원 집사자 매매일지

|

필명 : 집사자

안녕하세요. 대표님 평생회원 집사자입니다. 제가 처음 주식에 발을 들여 놓은 것은 2008년입니다. 어느덧 주식을 시작한 지 7년째 접어들고 있습니다. 주식으로 돈을 벌어서 집을 마련하겠다는 마음으로 주식을 시작하게 되었습니다. 처음에는 혼자 주식을 시작하였지만 '혼자해서는 돈을 벌지는 못하고 깡통을 차겠구나' 하는 마음에 멘토를 찾았습니다. 여러 애널리스트들의 회원이 되어 봤지만 수익은 나지 않고 계속해서 손실만 커져가고 있었습니다.

2년 동안 돈은 벌지 못하고 계속해서 손실만 나고 있어서 주식을 그만둘까 생각을 하던중 TV에서 '연봉 10억 애널리스트' 김원기대표님을 보았습니다. 그동안 많은 애널리스트들에게 회원 가입을 해서 손실만 나고 있었기 때문에 김원기대표님의 회원에 가입하기까지 많은 고민을 했었습니다. 며칠을 고민한 끝에 속는 셈치고 3개월만 회원으로 가입해 보자는 마음으로 2010년 4월 12일 회원가입을 했습니다.

처음 가입하고 나서는 ±20-30% 정도는 기본으로 오르락내리락 했습니다. 손실이 커질 때는 '김원 기대표님도 별수 없구나' 하는 마음에 그만할까도 생각했었습니다. 하지만 회원 가입 후 대표님 방송을 들으면 들을수록 시간이 지나면 지날수록 믿음이 가면서 대표님에게 푹 빠지게 되는 것을 느꼈습니다. 첫 회원 가입기간인 3개월이 지나도 수익보다는 손실이 커지고 있었지만 뭔가에 홀렸는지 1년 +1년 회원에 덥석 가입을 해버렸습니다. 1년 회원가입 후 손

■ 집사자 님의 실제 매매계좌

체결단가	현재가	평가손익	수익률(%)
2,711	10,550		289.15
2,480	4,820		94.35
3,407	6,280		84.32
1,626	2,740		68.51
6,657	10,900		63.73
1,477	2,200		48.95
1,773	2,535		42.97
3,430	4,460		30.02
903	1,130		25.13
7,278	9,090		24.89
2,023	2,470		22.09
1,891	2,220		17.39
1,587	1,845		16.25
7,146	8,210		14.88
2,879	3,260		13.23
2,454	2,730		11.24
7,420	8,240		11.05
3,495	3,830		9.58

실이 날 때마다 후회도 하고 했었지만 지금 생각해 보면 회원 가입한 것이 얼마나 다행스러웠고 행운이었는지 모릅니다. 제 주식인생의 커다란 전환점이 되었습니다. 대표님은 손실이 나고 있어도 당당하고 자신감 있게 말씀을 하셨습니다. "보유종목 홀딩!" 그런 대표님의 당당한 자신감 때문에 대표님에 대한 무한한 믿음이 생기기 시작했고 그 믿음이 지금은 큰 수익으로 나타나고 있습니다.

대표님이 항상 하시는 말씀 중에 "씨앗을 뿌리고 바로 캐면 쪽박이다"라는 말씀이 생각이 납니다.

대표님 회원가입 후 지금까지 이 말을 진실되게 느낀 종목들이 많습니다. 몇 종목 말씀 드리자면

❶ **인포뱅크** : 3555원 매수 / 9700원 매도 / 수익률 172. 8%(18개월 보유)

❷ **솔고바이오** : 1020원 매수 / 2060원 매도 / 수익률 102%(20개월 보유)

❸ **모빌리언스** : 4620원 매수 / 9240원 매도 / 수익률 100%(16개월 보유)

❹ **한국정보통신** : 3080원 매수 / 6400원 매도 / 수익률 107. 8%(11개월 보유)

❺ **세중** : 2500원 매수 / 6870원 매도 / 수익률 174. 8%(7개월 보유)

❻ **리홈** : 1644원 매수 / 4110원 매도 / 수익률 150%(7개월 보유)

❼ **이글벳** : 2155원 매수 / 5160원 매도 / 수익률 139. 4%(6개월 보유)

❽ **K**** : 2710원 매수 / 현재 10350원 보유중 / 수익률 282%(16개월 보유중)

이외에도 10%-100%, 그 이상 수익난 종목들이 수두룩하게 많이 있습니다. 대표적으로 말씀드린 종목이 계속 오른 것은 아닙니다. 종목별 차트를 보면 알겠지만 보유하는 동안 ±20-30%는 기본적으로 오르락 내리락 하였습니다. 하지만 높은 수익률의 결과는 대표님 말씀을 믿고 오랫동안 기다린 결과입니다.

"주식은 고통의 산물"

"주식을 사서 자식에게 물려주자"

"씨앗을 뿌리고 바로 캐면 쪽박이다"

대표님께서 항상 하시던 말씀을 마음깊이 담고 대표님 말씀을 믿고 보유했던 종목들은 큰 수익률로 보답이 왔습니다. 때로는 한 달 만에 1년 연봉만큼 오를 때도 있었고 때로는 한 달 만에 1년 연봉만큼 내려갈 때도 있었습니다. 하지만 흔들리지 않고 대표님 말씀을 믿고 기다렸습니다. 대표님

매도사인이 날 때까지… 언제까지고 대표님의 매도 사인이 날 때까지 아무리 장이 흔들려도 마음 편안히 기다릴 준비가 되어 있습니다.

왜냐하면 저는 한두 달, 1-2년으로 끝날 것이 아닌 대표님의 평생회원이기 때문입니다. 요즘은 "보유종목 편안히 홀딩하세요"라는 문자를 받으면서 정말로 편안히 홀딩하고 회사에서 일 열심히 하고 있습니다. 저의 목표는 100억! 아직 걸음마 단계지만 대표님의 평생회원으로 있다면 언젠가는 꿈이 이루어질 거라고 믿습니다.

다른 회원분들도 흔들리는 장에 같이 마음 흔들리지 마시고 대표님 말씀을 믿고 편안하게 기다리신다면 부자가 될 것입니다.

대표님의 회원이 된 지 4년이 다 되어 갑니다. 길다면 길고 짧다면 짧은 기간입니다. 주식을 하는 사람치고 깡통 한번 안 차본 사람이 없다고 하는데 저는 주식을 시작하고 대표님을 만난 행운 덕분으로 깡통 한번 나지 않고 지금까지 계속 수익이 나고 있고 점점 커지고 있습니다. 항상 대표님께 감사드립니다.

세계로TV(www. segerotv. com) 매매일지 282번 게시글

3

18개월 만에 2억 8천만원 벌다

필명 : 금융강국

금융강국입니다. 대표님 강의중에 "우리나라 국민 모두가 잘사는 부강한 나라, 금융강국을 만들자"는 말이 너무나 멋져서 필명을 금융강국이라 지었습니다.

대표님을 처음 뵌 것은 신문에 난 강연광고를 보고 친구와 같이 간 코엑스 강연회장에서였습니다. 입구부터 놓인 많은 축하화환을 보고 놀랐습니다. '이 분야에서는 인정받는 대단한 분이시구나' 하는 느낌을 받았고, 강연이 시작되자 카리스마로 강연장을 압도했던 모습이 인상적이었고 집에 돌아와서도 강연회의 여운이 남아 설레는 마음이 며칠간 계속되었습니다.

강연회장에서 구입한 〈부자클럽의 100억짜리 주식레슨〉 책을 읽으며 공부를 하다가 혼자서는 안될 것 같아서 한 달 정도 고민한 끝에 대표님 회원으로 2012년 9월에 가입하였고 수익률에서 보듯이 18개월만에 2억 8천만원을 벌었습니다.

하얀 도화지에 그림을 그리면 제일 쉽게 그림을 그릴 수 있듯이 저 또한 새로 시작한다는 마음으로 기존에 알고 있던 주식에 관한 것은 접어놓고 대

계좌	▼	****		수익률계산방식 ○기존⊙신규	기간 ○일⊙월 2012년09월 ▼ ~ 2014년01월

🔊 주의 1. 전일체결분까지 반영합니다 2. 조회기간: 일(최근4개월), 월별 조회기간은 기존계산방식은 2010년 9월이후, 신규 수익률 계산은 2012

투자평잔	768,259,965	입금액	49,000,332	투자손익금액	288,190,303
기말자산평가	834,300,688	출금액	165,700,500	평잔수익률(%)	37.51

표님이 하라는 대로만 따라서 했습니다.

바이오 종목에 50% 정도 비중을 실으라고 하셔서 그대로 따라서 한 것이 주효하여 큰 수익을 낸 거 같습니다. 특히 고려제약은 회원가입날 추천해주셔서 배당도 2번 받고 현재까지 보유하면서 83%의 수익을 내니 꿈 길을 걷는 듯만 합니다.

수익을 내기까지는 힘든 시기도 있었습니다. 가입 후 가장 어려웠던 시기가 2013년 6월 폭락할 때 정말 대표님이 계시지 않았다면 무서워서 손절했을 겁니다.

조정의 기간에는 대표님이 다른 종목의 예를 보여주시면서 급등이 나오기 전에 기간과 가격조정을 하며 투자자들을 털어내는 과정이라고 "매도사인 전까지는 장 걱정 말고 편안히 홀딩하세요. 그리고 힘든 분은 계좌를 보지 마세요. 운동을 하거나 산에 가세요. 아니면 독서를 하세요." 오랜 세월 주식시장에서 겪으신 노하우로 어려운 시기를 잘 견디게 이끌어 주셨습니다. 먼저 가입하신 선배회원님들의 매매일지도 많은 도움이 되었습니다.

마치 거친 파도가 노련한 뱃사공을 만들듯이 대표님은 숙련된 조련사였습니다. 그리고 장이 빠지면 영락없이 오는 "하늘이 내린 매수기회"라는 문자를 받을 때마다 참으로 대단하다는 생각이 듭니다. 보통은 장이 폭락하면 모두가 투매하기 바쁜데 위기를 기회로 활용하는 진정한 이 시대의 최고수라고 생각됩니다. 그 후 10월에 잠깐 보유주가 상한가 나오고 2014년 1월 보유주가 폭등하기 시작했습니다. 오공, 씨케이에이치, 일동제약, 고려제약, 아이씨케이 등 물레방아가 돌듯이 상한가가 매일 나오네요. 오늘도 코아스와 삼룡물산이 상한가입니다.

신가치투자, 돈 버는 것 맞습니다. 대표님 하라는 대로만 하면 무조건 수익입니다. 지금 주식을 하는 많은 사람들이 돈을 잃고 힘들어 하는데 대표님이 계신 세계로호만 돈을 버는 거 같습니다.

대표님을 만나는 방송시간이 즐겁고 행복합니다. 또한 JOON님, 금정처사님, 소원대로 부자님 등 따뜻하고 정 있는 분들이 함께 하고 있는 우리방이 정말 좋습니다.

주식뿐만 아니라 서로가 서로를 위하는 진실함이 있고 인생의 좋은 말씀, 좋은 음악을 들려주셔서 매일매일 힐링을 받고 있습니다. 출간하신 자기계발서 〈울림〉처럼 신가치투자가 널리 울려 퍼져 모두가 부자의 꿈을 이루시길 바래봅니다.

대표님 자주 하시는 말씀 중에 "지금이 그때이다." 지금이 기회이고 지금 실행하면 되는데 지금은 아무렇게나 보내면서 나중에 후회한다는 말, 진리의 말씀이죠. 목표로 하고 있는 100억도, 대표님이 계시기에 꿈꾸어 봅니다. 대표님 항상 감사드립니다. 고맙습니다.

세계로TV(www. segerotv. com) 매매일지 292번 게시글

4

대표님 감사합니다

필명 : 크롱

정말 오랜만에 매매일지를 올려 봅니다. 먼저 대표님께 감사의 인사를 올립니다.

늘 한결같은 목소리를 듣고 있으면 이제는 마음이 편안합니다.

이데일리에서 강의하실 때부터 돌아보면 많은 시간이 지나왔네요.

제가 지난 4월에 매매한 종목과 지금 보유한 종목 중 일부를 올려봅니다. 상한가에 있는 것 중에 한 종목은 보유한 지 2년은 된 것 같습니다. 드디어 꽃이 피고 열매가 보이네요. 대표님께서 그 종목을 너무 편애하셔서 열매가 이제야 피는 것 같기도 합니다.

그동안 저도 수익이 많이 났지만 매일매일 좋지는 않았습니다. 제일 힘들고 어수선 하던 때는 2011년 6월이던가요. 그때는 매일 하한가 몇 개는 기본이었으니까요. 하지만 우리에겐 대표님이 계셨죠. 마음이 흔들릴 때마다 항상 저의 중심을 단단히 잡아주셨고, 저도 또 대표님 말씀을 믿었기에 견딜 수 있었습니다. 이론적으로 생각하고 알고 있어도 시장이 어려울 때는 혼자하기에는 너무 어려운 거 같습니다.

■ 크롱 님의 실제 매매계좌

일자	종목코드	종목명	평가금액	매입금액	평가손익	실현손익	순총손익	총수익률	순총수익률
2013/04/01	078140	대봉엘에스	0	0	0			42.69%	42.25%
일자	종목코드	종목명	평가금액	매입금액	평가손익	실현손익	순총손익	총수익률	순총수익률
2013/04/19	014470	리홈쿠첸	0	0	0			152.90%	152.13%
일자	종목코드	종목명	평가금액	매입금액	평가손익	실현손익	순총손익	총수익률	순총수익률
2013/04/23	051380	피씨디렉트	0	0	0			52.79%	52.32%
일자	종목코드	종목명	평가금액	매입금액	평가손익	실현손익	순총손익	총수익률	순총수익률
2013/04/26	081970	넥스지						48.07%	47.83%
일자	종목코드	종목명	평가금액	매입금액	평가손익	실현손익	순총손익	총수익률	순총수익률
2013/04/29	044960	이글벳	0	0	0			122.32%	121.64%

대표님의 단단한 뿌리 '신가치투자' 그리고 대표님의 혜안과 믿음…

대표님께서 거듭 강조하시는 여러 가지 이론 중에서, 제가 가장 중요하게 생각하는 건 '비중조절'이라고 생각합니다.

투자금액에 맞는 비중조절을 하면 주가가 빠져도 마음이 흔들리지 않고, 시장이 안 좋을 때도 그중 잘나가는 종목이 한두 개는 있어서 투자금액은 크게 변동이 없고 그 시기가 지나면 장이 회복되면서 수익이 많이 생기는 것을 여러 번 겪어봤습니다.

제가 처음 주식시장에 들어오게 되었을 때를 지금에 와서 생각하면 아찔하고 어이없습니다. 한심하죠. 저는 대표님을 이데일리에서 뵙고 이데일리 강의가 끝나시고는 세계로TV에서 무료방송을 듣다가 세계로TV에 처음 4개월로 들어왔는데 그 기간에는 열매를 원하는 만큼 얻을 수 없어서 고민하다 2년으로 가입했고 그리고 지난달에 다시 추가 2년으로 연장해 놓아서 마음의 여유가 생기는군요.

지금은 걱정이 없습니다. 대표님이 자주 그러시죠. "편안하시죠?" 대답을 한 적은 없지만, 정말 그렇습니다. 대표님이 가시는 길만 따라가면서 씨를 뿌리기만 하면 그것들이 열매로 돌아오는데. 정말 대표님께 감사드립니다.

혹시 회원가입을 망설이시는 분들을 위해서 제가 한말씀 드리면 "망설이는 시간이 아깝습니다." 여기 회원분들은 모두 저와 같은, 아니 그 이상의 마음일 거라고 생각됩니다.

회원들이 매번 기간을 연장하는 이유는 그리고 대표님을 감사하게 모시는 이유는 뭘까요? 궁금하지 않으신가요? 하루하루가 늦어지는 게 아쉽습니다. 빨리 들어오세요.

세계로TV(www. segerotv. com) 매매일지 246번 게시글

5

신가치투자의 금자탑

필명 : 금정처사

안녕하세요! 대표님을 만난 지 1년이 다 된 시점에서 대표님을 만나기 전 저의 주식인생길을 한번 되돌아보니 사무치는 많은 것들이 눈앞을 스쳐 지 나갑니다.

주식시장에 입문한 지도 벌써 강산이 2번 하고도 반이 바뀌었습니다.

주식에 대한 배움이라고는 전혀 없이 무조건 투자하면 돈을 벌 수 있다 는 마법의 손에 이끌려 투자를 시작하였습니다. 그 당시에는 주식시장이 활 황장세였기 때문에 증권회사 직원을 통한 매매로 조금씩 수익을 내기도 하 였지만 이것도 잠시뿐 욕심이 더 큰 욕심을 불렀고 드디어 내리막길이 시작 되더니 끝이 없는 절벽만 보였습니다.

그동안 세월은 흘러흘러 잃었던 원금만 회수하고자 하는 간절한 마음에 직장생활하면서 가족끼리의 외식도 거의 하지 않고 알뜰히 모아서 은행에 보관해놓은 정기예금도 해약하여 매매를 하였지만 결과는 아주 참담하였 습니다. 그래도 마음속으로 본전을 외치면서 시중에 나와 있는 주식과 관 련된 서적들도 탐독하였고, 증권회사 직원과의 상담, ARS 전화로 알려주는

종 목 명	구분	보유수량	가능수량	현재가	평균단가	평가금액	평가손익	평가율
	현금							112.8
	현금							100.5
	현금							186.1
	현금							116.1
	현금							119.0

유료종목에의 투자, 달리는 말에 올라타라는 말에 따라 추격매수도 해보았고, 신문, 방송, 인터넷에서 추천하는 종목에 투자해 보았지만 피처럼 소중한 나의 돈은 거의 다 날아간 상태였습니다.

하지만 그나마 다행스럽게 생각하는 것은 이 와중에서도 신용, 미수, 대출은 절대 하지 않았고 철저하게 여유자금으로 매매를 하였으며 만약 이것까지 지켜지지 않았다면 저의 운명은 완전히 파산 쪽으로 기울지 않았나 하는 생각도 해봅니다.

본인이 겪어온 이러한 과정은 앞으로 큰 파도가 밀려오는 줄도 모르고 바다에 뛰어들어 결국은 엄청난 고통을 겪게 된다는 사실을 뒤늦게 깨달았습니다. 이 사실을 깨닫는 데 25년이라는 길고 한 많은 시간이 걸렸습니다.

이제 저의 주식인생으로써의 차디찬 운명이 드디어 작년 1월에 바뀌었습니다. 평소 마음에 두었던 인문학서적을 서점에서 고르던 중 우연히 눈에 들어온 대표님의 '주식완결판'을 집어서 첫 페이지를 읽는 순간 가슴이 뛰기 시작하였습니다.

그때, 인문학 서적과 〈주식완결판〉, 그리고 쿵쾅거리는 나의 가슴을 안고 허겁지겁 집으로 돌아와, 대표님의 〈주식완결판〉을 8번 정독하고 보유 중인 종목을 모두 처분하여 현금화 시킨 후, 대표님의 유료회원에 서슴없이 가입하였습니다.

처음에 3개월을 가입하였지만 곧바로 1년 연장 재가입을 하였고, 지금에 와서는 '왜 대표님께서 최소한 2년은 같이 가야 한다'는 말씀을 하셨는지 이해하게 되었습니다. 2년이 지나가면 이제는 평생 대표님과 함께 가야 할 동반자가 저절로 되어버리게 된다는 것입니다.

〈주식완결판〉을 읽고 난 후 한 인생이 꽃을 피우기 위해서는 얼마나 많은 고난을 겪어야 하며 모든 생명의 탄생과 성숙이 있기까지에는 고통이 뒤따르며, 누군가의 그 멀고도 긴 고통과 고난에 의하여 수많은 생명들이 더불어 향기롭고 환한 꽃을 피운다는 생각이 떠올랐습니다.

대표님을 만나기 전, 주식시장에서 비록 많은 눈물을 흘렸지만 절대 무릎을 꿇지 않았으며 대표님을 만나 요즈음은 햇볕이 드는 창가에 앉아 부드러운 카페라떼에 입맞춤하면서 편안하게 대표님의 방송을 청취하며 완전히 뒤바뀐 세상을 살고 있는 지금의 저는 천부의 금복을 누리고 있다 해도 과언이 아닐 것입니다.

이제 3월이면 달콤한 배당금이 나의 계좌에 들어오기 위하여 대기 중에 있습니다. 심어만 놓으면 싹이 트고 황금열매가 맺히는 신가치투자의 복밭, '이보다 더 안전한 투자처가 어디 있나' 하는 생각도 해봅니다.

요즈음은 앞 시대를 살았던 분들이 이뤄놓은 역사와 문화의 오랜 축적에 대한 경의를 표하는 인문정신에서 주식과 관련된 많은 것을 추론해 보기도 합니다. 율곡 이이 선생의 '격몽요결'의 혁구습장(革舊習章)에서는 옳지 못한 낡은 습관들을 반드시 칼날로 쳐서 물건을 끊듯이 하여 그 뿌리를 잘라 없애라고 하셨습니다. 이것은 바로 나를 이기는 지혜와 용기와 직결되며 특히 주식시장에서 손실과 관련된 나쁜 습관은 반드시 혁파해야 한다는 것으로 나름 판단해 보았습니다.

위의 사실들은 대표님을 통하여 익히 배워왔지만 아직 주식시장에서 이러한 이론들만으로 혼자 감당하기에는 녹록치 않는 냉엄한 현실이 존재하고 있습니다. 지금 저와 유료회원님들은 지혜와 덕과 복을 두루 갖춘 세계 로호의 대표님이 계시기 때문에 거친 파도와 매서운 겨울의 칼바람 속에서도 여유롭게 앞으로 나아가고 있습니다.

지금의 밖은 차디찬 겨울이지만 분명 봄은 뒤에 숨어서 우리를 기다리고 있으며, 봄에 피는 매화의 향기는 뼛속까지 스며드는 매서운 추위를 겪어야 얻을 수 있습니다.

대표님을 만난 이상 저는 이제 주식시장에서 뿐만 아니라 인생의 다른 분야에서도 길이 아니면 가지 않고, 원칙이 서지 않는 곳에서는 절대 행하지도 않으며 항상 시작하는 마음으로 끊임없이 자기를 되돌아보면 마침내 영원으로 향하는 마음이라 할 수 있는 깨달음의 길에 이를 수 있다는 지혜도 갖추게 되었습니다.

이제는 주식시장에서 하늘을 찌르고도 남을 듯한 등등한 기세로 세워지고 있는 휘황찬란한 금자탑과도 같은 신가치투자와 함께하며 봄바람과 봄기운을 느끼며, 봄향기도 맡으면서 따뜻한 차 한 잔을 마셔보는 행복을 다 같이 느껴보았으면 좋겠습니다. 앞으로 남은 저의 인생은 천상의 공간에서 내리는 꽃비를 맞은 아름답고 싱그러운 청춘의 꽃향기를 맡으며 살아갈 날만 남아 있는 듯합니다.

이러한 저의 마음을 몇 글자 표현하고자 합니다.

"주식투자 외길인생 한평생을 살다보니 이리가면 고독이요,
저리가도 외로움만 더해가네. 이제와서 내갈길이 어드메뇨.

생자(生者)는 필멸(必滅)이요, 제행(諸行)은 무상(無常)이라,

일장춘몽 우리인생 덧없다고 말만마소.

고달팠던 인생길을 고비마다 신심으로 정진하여

몇굽이를 돌고돌아 찾고찾던 이정표를 발견하니

이게바로 지상낙원 인도하는 대표님의 신가치가 아니던가.

오호라! 지금까지 여기두고 어디가서 무얼찾아 방황하며 허송세월 보내었나?

이제부터 막혀있던 절벽강산 무너지고

맑고고운 풍류들이 넘실대니 산새들의 노래소리 들려오고

끝이없이 펼쳐지는 아름다운 신세계가 이아닌가?

이제라도 신가치와 평생인연 고이고이 맺으시어

매일매일 행복충전 하옵시고 무량억겁 자손만대 광명으로 누리소서."

감사합니다.

세계로TV(www. segerotv. com) 매매일지 281번 게시글

대표님과의 만남 그리고 나눔

|

필명 : joon

아침저녁으로 제법 싸늘함의 감촉을 느끼는 걸 보니 만추가 되기엔 아직 이르지만 풍요로움의 계절인 가을의 정취가 무럭무럭 익어가고 있습니다. 어느 날, 배낭 하나 어깨에 걸머지고 집에서 보는 경제신문 하나 들고 열차에 몸을 실었습니다.

따뜻한 커피 한 잔 시켜놓고 신문을 보는 중에 신문 하단에 있는 책 광고에 눈길이 가게 되었습니다. 책 제목은 〈신가치투자 창시자 김원기의 주식 완결판〉이었습니다. 이것이 대표님과 저와의 생애 첫 만남이었습니다.

지금까지 주식에 관한 책은 한 번도 읽어 본적이 없었는데 웬일인지 이 책은 신가치투자라고 하는 다소 생소한 느낌에 흔히 말하는 Feel이 꽂혔습니다. 여행에서 돌아오는 대로 바로 사서 읽었습니다. 그런데 이게 웬일인가요?

지금까지 한 번도 경험해 보지 못했던 다른 세상이 그곳에 있었습니다. '아! 이런 것도 있구나' 하는 감탄의 연속이었습니다. 그동안 너무나 바쁜 일상생활 속에 파묻혀 먹물로 가득찬 머리에 새로운 청정수로 가득 채운 기

■ joon 님의 실제 매매계좌

매매일	종목명	매도수량	매수평균가	매도평균가	손익금액	거래비용	순손익금액	수익률	매매구분
2013/08/27			2,250	2,555	152,500	15,780	136,720	12.15%	
2013/08/28			5,400	6,100	350,000	37,747	312,253	11.56%	
2013/08/29			1,250,418	1,325,000	1,342,476	190,171	1,152,305	5.11%	
2013/08/29			260,500	275,000	130,500	19,733	110,767	4.72%	
2013/08/2.									
2013/08/29									
2013/08/29									
2013/09/03			1,670	1,880	63,000	6,988	56,012	11.18%	
2013/09/03			5,888	6,950	1,275,000	101,637	1,173,363	16.60%	
2013/09/03			5,500	5,900	400,000	74,396	325,604	5.92%	
2013/09/04			2,050	2,200	60,000	11,093	48,907	5.96%	
2013/09/05			5,970	6,520	165,000	24,492	140,508	7.84%	
2013/09/09			5,970	6,420	90,000	16,183	73,817	6.18%	
합계					16,584,329	1,361,026	15,223,303		

매매일	종목명	매도수량	매수평균가	매도평균가	손익금액	거래비용	순손익금액	수익률	매매구분
2013/09/23			5,660	5,950	58,000	15,118	42,882	3.78%	
2013/09/23			5,670	5,800	26,000	14,888	11,112	0.97%	
2013/10/01			2,874	3,823	569,750	26,865	542,885	31.48%	
2013/10/01			5,450	6,974	762,000	41,357	720,643	26.44%	
2013/10/02			5,510	6,000	98,000	15,048	82,952	7.52%	
2013/10/02			5,586	5,900	94,200	22,447	71,753	4.28%	
2013/10/10			3,019	4,055	518,215	23,672	494,543	32.76%	
2013/10/10			2,050	2,230	36,000	5,595	30,405	7.41%	
2013/10/15			5,582	6,530	189,600	15,962	173,638	15.55%	
2013/10/21			5,546	6,440	178,721	15,784	162,937	14.68%	
2013/10/25			3,400	3,870	141,000	14,330	126,670	12.41%	
2013/10/28			3,400	4,120	144,000	9,948	134,052	19.71%	
2013/10/30			5,893	7,720	365,443	18,156	347,287	29.46%	
합계					16,584,329	1,361,026	15,223,303		
2013/11/04			13,718	16,800	1,232,858	80,872	1,151,986	20.99%	
2013/11/05			70,510	78,600	809,000	97,740	711,260	10.08%	
2013/12/16			2,276	2,980	1,407,142	70,161	1,336,981	29.36%	
2014/01/03			31,996	35,000	390,520	36,280	354,240	8.51%	
2014/01/10			2,593	2,995	241,286	22,064	219,222	14.09%	
2014/01/20			10,000	15,650	2,825,000	87,260	2,737,740	54.75%	
2014/01/21			10,000	16,500	3,250,000	90,650	3,159,350	63.18%	
2014/01/22			2,050	2,630	986,000	52,982	933,018	26.77%	
합계					16,584,329	1,361,026	15,223,303		

분이었습니다. 그래서 결정을 내렸습니다. 신가치투자와 동반자가 되기로 말입니다.

주가가 오르면 오르는 대로 내려가면 내려가는 대로 대표님의 명쾌하신 진단과 인성교육에 마냥 즐겁습니다. 오르면 수익이 나서 즐겁고 내려가면 더 매수해서 즐겁고 현재보다는 미래를 생각하면 미소가 절로 나옵니다.

즐겨 보십시오. 그리고 한번쯤은 주식이라는 두 글자를 잊어버려 보십시오. 그러면 마음이 편안해집니다. 너무 오늘에 집착하다보면 내일이 보이지 않습니다. 한 발짝 뒤로 물러서서 먼 하늘을 바라다 보시면 또 다른 세상이 보일 것입니다. 주식은 자신과의 싸움이고 기다림과의 싸움이라고 하지 않습니까? 기다릴 줄 아는 사람만이 그에 대한 보답이 오고 최후의 승자가 된다는 사실을 믿어 의심치 않습니다. 그래서 우리는 그 기다림을 배우기 위해서 대표님을 만난 게 아니겠습니까?

대표님께서 쓰신 〈주식완결판〉의 맨 마지막 페이지에 '부자가 되는 길'이 있습니다.

1. 성공한 사람을 연구하라.
2. 코치를 두어라.
3. 준비하고 노력해야 기회를 잡을 수 있다.
4. 책을 가까이 하라.
5. 꿈을 계획하고 실천하라.
6. 겸손하고 감사하는 마음을 갖자.

하나같이 버릴 것 없는 훌륭한 말씀입니다.

그러나 그 중에서도 "겸손하고 감사하는 마음을 갖자"는 말씀이 제일 먼저 가슴에 와 닿습니다. 벼가 익으면 고개를 숙이듯이 겸손과 감사 그리고 사랑은 사람의 덕목 중에서 제일 기본이 아닐까 생각합니다.

대표님을 만난 것이 저에게는 남은 인생의 행운이라 생각합니다. 빈손으로 왔다가 빈손으로 간다는 말이 있듯이 어렵게 모은 재물을 보람 있게 사용하는 것도 그동안 은혜를 입은 내 주위 사람들에 대한 조그마한 보답이 아닐까 생각합니다. 얼마가 될지는 모르겠습니다만, 매년 수익금의 일정 분을 대표님께서 하시는 이웃돕기에 동반자가 될까 합니다.

두서없는 글 끝까지 읽어주셔서 감사드립니다. 대표님을 비롯한 세계로 TV 가족 여러분, 그리고 사랑하는 회원님 여러분! 항상 건강하시고 행복이 늘 함께하시기를 진심으로 기원합니다. 감사합니다.

세계로TV(www. segerotv. com) 매매일지 288, 268번 게시글

7

이젠 지키고 싶어요

필명 : 금부자

내 나이 69세. 아! 너무 나이가 많은 거 같아요. 내 자신이 봐도 엄청 많아 보이니, 병도 나고, 그동안 못 가본 서울에 지난해엔 여러 차례 다녀왔어요. 말 많은 광화문, 그 유명한 명동 성당, 덕수궁 돌담길, 장충동 족발집, 호텔 신라, 외국인들도 꼭 들리는 남산타워에는 뭔 열쇠를 그리도 많이 채워놓았는지, 한번쯤은 꼭 보고 싶었는데 마음 맞는 친구 덕분에 돌아보았네요. 부모님 덕분에 그 어려운 시절을 아무것도 모른 채 돈은 그냥 나오는 줄 알았어요.

무남독녀, 큰 부자는 아니어도 나 하나 건사하기엔 넉넉한 살림이어서 지금 아이들 이상으로 풍족하게 지냈고, 시골에서 여고를 마치고 도시에 있는 대학에서 지금으로 얘기하면 캠퍼스 커플로 지금의 남편과 연애결혼을 해서 아들 둘을 낳아 정말 행복하게 잘 살고 있을 때, 그 시절 대한민국 국민이라면 다 아는 그놈의 국민주 포철, 한전주!

그렇게 시작한 게 지금까지… 나 자신도 이렇게 나한테 집요한 면이 있는 줄 몰랐고, 꼭 20년 전에 나도 깡통신세가 되었답니다. 큰아들은 미국에

유학중이고 작은아들은 대학 1학년. 작은아들은 눈이 별로 좋지 않아 방위로도 충분히 가능한데 계모처럼 국군에 보냈고, 문제는 미국에 있는 큰아들이었어요. 학비는 처음에 다 냈지만 생활비를 매달 보내야 되니까요.

아무것도 모를 땐 돈도 잘 벌었는데, 반풍수 집안 말아 먹는다고 주식에 대해 주위 사람들한테 귀동냥으로 조금씩 듣고 남 따라하다… 지금 생각해 보면 그 시절엔 너도 나도 다 주식 초보인데…

돈은 있는 돈, 없는 돈 다 넣어서 신용도 했으니 빈털털이가 됐지요. 남편 월급으론 아들생활비 먼저 보내고 나머지로 생활은 되었지만 '앞으로 언제 돈을 모아 아이들 학교 보내고, 장가를 보내나' 하는 걱정뿐이었죠.

갱년기도 같이 겹쳐 2년을 보일러도 때지 않은 채 거실에서 꼬박 견디었어요.

돈은 그냥 생기는 줄 알았던 사람이 돈이 없어 돈 벌 궁리를 하는데, 종자돈은 없고 그 사이에 남편 직장을 따라 내 고향으로 이사를 했어요.

여고까지 다닌 내 고향. 친구도, 동창도, 친지도 많은 조그마한 중소도시에서 남편이 돈 다 잃어버렸다고 원망이라도 하면, 소리내어 고함이라도 치면, 죄스러움이라도 조금은 가시어질 수도 있으련만 혼자 속앓이 하다 119에 실려가기도 몇 차례…

이대로 그냥 앉아서 살 순 없다고 생각하고 체면부터 내다버리고 아무도 모르게 노점 상인이 됐어요. 모자에 마스크를 쓰고 지금도 그때를 생각하니 눈물이, 눈물이 납니다. 어릴 때 이모집에 가면 5일 장날에 장사하는 사람들을 많이 보았는데, 그 빈땅에 임자가 있는 줄은 꿈에도 몰랐으니 아침 일찍 장사가 잘될 만한 곳에 자리를 잡고 있으니 옮겨가는 곳마다 주인이라고 나가라고…

우여곡절 끝에 조그마한 자리를 얻을 수 있었어요. 그때만 해도 지금 보다 좀 예뻤나 봅니다. 여기서 장사 할 사람이 아니라면서 자리를 조금씩 양보를 해줬어요.

장사 운이 있었는지 5일만에 한 번이었지만 정말 난생 처음 해보는데 너무 잘돼서 5일장이 기다려질 정도였습니다. 5년 동안 노점을 해서 번 돈과 친정과 시댁의 도움도 조금씩 받고요. 그 귀한 딸이, 며느리가 노점 장사를 한다는 걸 어떻게들 아셨는지 얼마 되지 않아 한 사람씩 찾아오니까 더는 못 견디겠더라구요. 그럴 때 아는 사람은 모른 채 지나쳐 주는 게 나를 도와주는 건데, 정말 쥐구멍이라도 있으면 숨고 싶었습니다.

지금 생각해도 알 수 없는 게 삼성중공업만 3500원에서 5000원 사이에 몇 년을 사 모은 주식이 3만주, 내 원금의 6. 7배의 수익을 내서 잃었던 돈 70프로 정도는 찾은 것 같아요.

이 무렵에 삼성중공업 주식을 모두 처분해서 큰아들 결혼 후 집 장만할 때에 일억원, 둘째 결혼 때 일억원을 사용했어요.

조금 더 보유했었더라면 더 많은 수익을 낼 수도 있었겠지만 100% 이상 냈기에 아무 후회도 미련도 없었답니다.

아들들은 공기업과 대기업에 취직해 결혼도 하고 손자 손녀도 두어 우리 부부에게 한없는 기쁨조가 되고 있어요.

3년 전 우연히 방송을 보다 김원기대표님의 방송 vj특공대를 보고, 남편한테 가입하자고 하니 반대를 하길래 몰래 1개월을 가입했다 들켰어요. 주식으로 그만큼 죽을 고생을 하고도 또 할 거냐면서 엄청 혼이 났어요. 그래도 어쩐지 김원기대표님과 함께라면…

내 마지막 인생을 주식을 하면서 컴퓨터 앞이 아닌 휴대폰만 들고 운동도 하면서 영화도 친구들과 보고 싶고, 남은 삶이 몇 년인지 몰라도…

　이젠 아이들한테 주식을 하지 말라는 유언보다 꼭 주식을 하고 싶으면 김원기대표님과 함께 하라고 말하고 싶어요. 제가 남편을 잘 설득하여 평생 회원에 가입한 이유는, 첫째 남은 돈을 지키기 위해서고, 두 번째가 부자되는 겁니다. 지금보다 많이요. 욕심도 많죠?

　김원기대표님을 진짜 존경하는 이유는요? 같은 시기에 깡통계좌를 만든 수많은 사람들은 거의가 자기 몸 추스르기도 힘겨워하는데 대표님은 그 어려움 다 이겨내시고 세계로TV도 설립하시고 추천하신 종목 들고 있기만 하면 수익 나는 신가치투자를 만드신 대표님! 진짜로 존경합니다. 두서없이 쓴 글 읽어 주셔서 감사합니다.

　정말 20년 전엔 죽으려고 우리 부부 둘이서 각자 장소 물색을 많이 했는데 자식들 때문에 결정을 못한 게 지금은 얼마나 다행인지, 그리고 행복합니다. 세월이 약이라고 건강한 몸만 있으면 어떤 식으로든 살게 되는 게 우리네 인생인가 봅니다. 내가 그때 실패를 안했다면 내 일생은 편안했겠지만 나와 다른 사람의 고통은 당연히 모르고 나의 오만함으로 다른 사람에게 알게 모르게 내 입으로 행동으로 얼마나 고통을 주었을까를 생각하니 그저 그만큼의 고통이 감사할 뿐입니다.

세계로TV(www. segerotv. com) 매매일지 287번 게시글

8

신가치투자의 위력

|

필명 : 살아있네

안녕하십니까! 경남에 살고 있는 직장인 31세 필명 '살아있네' 입니다.

먼저 예측할 수 없는 주식시장에서 높은 수익률과 편안한 마음으로 평생 투자자의 길로 안내해주신 김원기대표님께 고개숙여 감사드립니다.

개인사정으로 아직 대표님과 함께하지 못하는 무료회원님과 혹시 현재 어려운 주식시장에서 힘들어하시는 초보회원님들께 작은 도움을 드리고자 저와 대표님과 함께 걸어온 시간을 소개해 드리고자 합니다.

대표님과 처음 인연을 맺은 건 2010년 당시 나이 스물일곱, 어느 덧 4년이라는 세월이 흘렀습니다. 처음 무료회원으로 시작하여 3개월 회원. 그리고 대표님과 잠시 떨어진 후 김원기대표님만큼 훌륭한 전문가는 없다고 판단하여 종자돈을 모아 2012년 10월 평생회원으로 다시 찾아뵙게 되었습니다.

그 결과 저는 주식시장에서 높은 수익률과 평생투자자의 자세를 가질 수 있었습니다. 이 모든 것이 가능한 것은 바로 대표님의 신가치투자 덕분입니다. 신가치로 발굴된 종목은 3~6개월 이후 '무조건, 무조건' 급등한다는

■ 살아있네 님의 실제 매매계좌

종목명	구분				평가금액	평가손익	평가율
신일제약	현금				6,340,000	3,007,550	90.3
삼현철강재약	현금				4,990,000	2,410,483	93.4
부드셀	현금				1,526,000	1,526,000	0.0
씨케이에이치	현금				9,190,000	1,400,500	18.0
동국실업	현금				4,580,000	1,365,414	42.5
흥군덜바이오	현금				6,840,000	1,212,000	22.3
인포바인	현금				3,040,000	1,125,000	58.7
고려제약	현금				9,660,000	840,715	09.5

것입니다.

급등 후 1/2 매도원칙에 따라 투자원금회수 또는 나머지 물량만 가지고 가는 대표님의 가르침으로 시세차익과 매년 배당으로 엄청난 수익율을 기록할 수 있었습니다.

초보투자자인 제가 직장생활을 하며 이렇게 높은 수익율을 얻을 수 있는 건 도저히 상상할 수 없는 일이었습니다.

이것이 바로 대표님의 신가치투자의 위력이었습니다.

신가치투자(기본적분석 + 차트 + 미래가치)는 종목당 5~7% 비중으로 매수 후 순차적으로 급등은 물론, 매년 은행이자 이상의 배당까지 엄청난 수익률을 내는 대표님의 투자방법입니다.

직장인인 저를 편안하게 직장생활을 할 수 있게 매수, 매도문자로 항상 저의 계좌와 마음을 지켜주셨습니다. 그리고 차곡차곡 쌓여가는 계좌를 보며, 대표님과 함께 더 큰 꿈을 향해 달려가고 있습니다.

현재 적은 종자돈으로 고민하시거나 과연 매매일지 같은 수익률이 나올까 하며, 걱정 또는 의심하시는 분들은 그러기에는 시간이 없고. 혼자 주식을 배우기에는 너무나 짧은 인생입니다.

대표님의 명강의. 사업하듯 투자하라, 급등시세의 원리, 시장 판단법, 로봇, 바이오시대 등 김원기대표님의 주식인생 29년 역사와 미래를 창조하는 주식감각을 하루 빨리 경험해 보시길 바랍니다.

당신의 선택이 당신의 부를 결정합니다. 하루빨리 부의 열차에 올라타십시오~ 감사합니다.

세계로TV(www. segerotv. com) 매매일지 280번 게시글

9

매달 수익난 매매일지

필명 : 우량투자

안녕하세요. 세계로TV 김원기대표님 회원 우량투자입니다. 제가 주식에 입문한 지는 30년가량 됩니다.

그동안 주식투자로 세 번의 실패를 하였습니다. 주식은 나와는 인연이 없다고 생각하고 주식을 잊고 근 30년을 보냈습니다.

그러나 3년 전에 우연히 세계로TV 김원기대표님의 무료강의를 시청하게 되었습니다. 대표님의 강의를 들으며 새삼 주식에 다시 눈을 돌리게 되었습니다. 대표님의 강의는 정말 주식시장에서 오래 살아남는 소름끼치는 훌륭한 강의였고 제 마음을 움직이게 하였습니다.

대표님의 주식 강의도 훌륭하지만 인성교육까지 겸한 강의는 대표님을 점점 신뢰하게 만들었습니다. 대표님의 신가치투자에 대한 〈주식완결판〉 서적을 구입하고 세계로TV에 유료회원가입을 하게 되었습니다.

가입 이후 3개월 정도는 별 수익 없이 지나가고 대표님의 강의를 매일 청취하며 주식의 생리를 깨우치게 되었습니다.

주식시장에서 오래 살아남는 방법은 대표님의 말씀대로 '주식은 혼자하

■ 우량투자 님의 실제 매매계좌

| 일별수익률 | 월별수익률 | 종목별수익률 | 수익률상위순 | 계좌잔고 | 당일매매일지 |

| | S ▼ | | **** | 2012-01 | ~ | 2013-10 | |

일자	예탁자산	평가금액	평가손익	실현손익
2013/08				4,620,580
2013/07				2,000,995
2013/06				1,598,457
2013/05				3,448,988
2013/04				10,836,976
2013/03				224,620
2013/02				687,868
2013/01				3,216,073
2012/12				3,439,481
2012/11				1,506,419
2012/10				8,350,575
2012/09				6,872,110
2012/08				1,955,500
2012/07				4,065,061
2012/06				4,017,019
2012/05				2,356,325
2012/04				182,411
2012/03				4,239,477
2012/02				21,280,082
2012/01				23,639,821

지 말아라.' '진솔한 멘토를 옆에 두고 같이 오래 갈 수 있는 장치를 마련하면 주식시장에서 오래 살아남을 것이다.' 이 말씀 명심하고 저 역시 주식시장에서 오래 살아남을 수 있도록 김원기대표님의 평생회원으로 현재까지 함께하고 있습니다. 대표님의 회원으로 있으면서 많은 수익을 올리게 되었으며 수익은 매매일지를 통해서 보시게 될 겁니다.

대표님 말씀대로 주식시장에서의 수익은 고통의 산물이다. 너무 좋아하지도 말고 너무 슬퍼하지도 말아라.

누구나 쉽게 접근하고 누고나 쉽게 떠날 수 있는 주식시장이지만 훌륭한 멘토를 옆에 두시고 오래 살아남을 수 있는 여러분이 되시길 바랍니다.

2014년 1월 9일 김원기대표님의 평생회원 우량 투자 올림

세계로TV(www. segerotv. com) 매매일지 279번 게시글

10

주식 왕초보 뚜벅이의 투기와 투자 이야기

|

필명 : 뚜벅이

대표님과 나의 만남은 가슴이 떨리는 기로에 서 있을 때였다. 주식은 남편의 입에서 시작해 내가 먼저 했다. 증권의 계좌는 내 앞으로 했지만 주식을 사고팔고 하는 리딩은 남편의 지시에 따라 움직였다. 남편은 집과 회사만 아는 사람이니 돈을 불리거나 다른 일을 해서 큰돈을 벌어오는 일은 없는 꽁생원이다. 부모에게 물려받은 재산 없이 우리 힘으로 살려니 주식이라는 것은 꿈에도 생각해 보지 못했다.

남편은 회사에서 동료들이 주식을 하는 이야기를 매일 듣다보니 내심 주식이 하고 싶어도 돈도 없지만 까먹을까봐 용기를 내지 못하고 집에만 오면 밥상에서 입버릇처럼 주식 말만 했다.

나도 매일같이 남편이 하는 말을 듣다보니 사람이 세상에 태어나서 부자가 되려는 도전도 해보지 못하고 죽으면 후회가 되겠지, 하는 생각에 봉급을 타면 십만원씩 회사주를 샀다. 회사주를 산 이유는 작은 제조회사였는데 회사가 커지면서 주식이 있는 상장회사를 매입을 하면서 회사에 주식붐이 일어났으니 내가 듣는 것은 회사주밖에 없었기 때문이다.

처음에는 주식이 1200원 가량 했는데 시간이 조금 지나면서 3000원이 되었고 소문이 돌면서 조금 있으면 5000원이 넘는다 했다. 그래서 나는 봉급을 타면 10만원씩 주식을 샀다. 주식의 기본도 없이 무조건 증권사에 발을 들여 놓는 그 시간에 그 가격으로 "3000원 하는 것을 10만원치 사주세요"였다. 매달 10만원씩 투기하는 돈이 성에 찰리 없는 남편이 회사주가 2800원으로 떨어졌을 때 남편은 연금 20년 부은 것을 해약하자고 해 남편과 나의 주식은 시작이 되었다.

연금 일정금액인 2000만원을 몰빵으로 회사주를 매입했다. 그 돈으로 주식투기를 해 아이들 학원비만 벌어서 냈으면 했다. 증권사에 입금을 하면서 주식이 싼 것인지 비싼 것인지도 모르고 막 샀으며 또 회사주는 괜찮다는 생각을 했다. 그런데 주식을 사고 내리막길로 달려간 주식은 반토막이 났다. 그렇게 시간은 2년이 흘렀어도 올라가려고 하지 않고 밑으로만 내려가 제 자리에 딱 멈추어 있었다. "회사주니까 괜찮아" 하던 남편은 겁을 냈다.

이미 주식을 시작했으니 오기가 생긴 나는 다시 주식을 해야겠다는 생각을 했다. 이제는 단기투기를 하자는 생각을 하고 남편 모르게 다른 계좌를 하나 더, 내 이름으로 또 만들었다. 수중에 있는 돈을 모두 다 증권사통장에 넣고 막상 내가 직접 하려고 컴퓨터 앞에 앉으니 내 생각과 같지 않았다. 이 돈은 마지막 돈이라는 생각에 많이 사지 않고 300만원 정도만 투기를 했다.

빨갛게 타오르는 것을 쫓아가서 샀고, 내가 사고 나면 주식은 파랗게 질려 돈이 쑥쑥 빠져 나갔다. 써 보지도 못하고 맛있는 것 먹어보지도 않았는데 쑥쑥 빠지는 것을 보고 나는 잠을 자지 못했고 집안 살림이 손에 잡히지도 않았다. 그렇게 한 달이라는 어둠의 시간이 지났다. 나는 이대로 물러서기 싫어 도서관으로 갔다. 주식에 관한 책이 여러 권 있었지만 내 생전에 잡아보지 못할 액수의 책인 김원기대표님의 저서를 보고 가슴이 또 뛰기 시작했다. 이 떨림은 내가 한 달 동안 떨었던 것과 다른 떨림이었다. 그냥 한 번 보고 그만일 책이 아니었다.

서점에 가서 〈부자클럽의 100억 짜리 주식레슨〉을 사다 다시 또 읽었다. 주식은 모르지만 나도 100억 부자가 될 수 있을까 하는 생각을 하며 카페에 가입을 했다. 그리고 무료로 대표님의 강의를 들었다. 열의가 넘치는 대표님의 강의는 생전 처음 듣는 말이었다. 나는 가슴이 설레고 들떠서 이미 부자가 된 것처럼 밤새 잠을 자지 못했다. 이때의 신선한 충격은 아직도 잊지 못한다. 그렇게 나는 대표님을 만나 투자를 하게 되었다.

그런데 문제는 그전에는 가슴 밑바닥에만 깔려 있던 욕심이 스멀스멀 기어 올라왔다. 크다고 생각한 돈이 적게 느껴졌다. 빨리 돈이 불어나지 않는 것이 내 불안증이었다. 대표님은 매일매일 장이 열리는 시간마다 말씀하셨다.

"내가 가진 돈이 제일 큰돈이다."

"욕심은 부리지 마라. 돈을 따라 가면 돈이 나를 위해 일을 하지 않는다."

"돈이 나를 위해 일하게 하라."

"10% 20% 30%에 연연하지 마라."

"내려가는 데 시간이 걸려도 장이 돌면 오를 때는 우리 종목이 먼저 오른다."

"또 오를 때는 금방 원상복귀 한다."

"팔 때가 있고 살 때가 있다."

"심리조절이 중요하다"고 매일 말씀하셨다.

그 외에 주옥같은 많은 말씀을 하셨다

그런데 나는 그렇게 하지 못했다. 조금 오르면 가슴이 막 떨려 손가락이 말을 듣지 않았다. 매도할 때는 대표님 말씀대로 적정가를 써 넣어야 하는데 값을 올려 내 놓았고, 매수할 때는 값을 더 내려서 주문을 했다. 욕심이었다. 이 말씀도 장중에 늘 하시던 말씀이었는데 내 마음대로 되지가 않았다. 심리 조절이 문제였다.

그렇게 대표님 곁에 있으면서 말을 듣지 않고 마음대로 했다. 그러면서 나는 몸소 체험을 하면서 깨닫기 시작했다. 욕심을 버리라는 그 말씀을 시간이 지나면서 깨우치고 있었다. 정말 주식은 내 마음대로 안 되었다. 그런데 욕심을 버리고 한 발자국 뒤로 물러서 있었더니 파랗게 질러서 내려가도 무심하게 보게 되었다. 내려간 것이 올라갈 때는 순간이었다. 언제 너에게 힘든 고통을 주었느냐 하는 것을 까맣게 잊고 올라 갈 때는 허무하게 금방 올라갔다.

주식을 시작할 때의 마음은 아이들 교육비였기에 나는 일정 수익금을 뺐다. 또 회사주도 대표님이 말씀하시는 대로 조금 더 기다리다가 손실을 보지 않고 팔았다. 그것도 남편 몰래 팔아 남편에게 야단을 많이 맞았지만 남편이 생각한 대로 더 이상 올라가지 않고 밑으로 내려가기만 했다. 내 계좌에는 원금이 그대로 살아 있으면서 나는 매달 생활비를 꺼내 썼다.

고등학생 아들과 대학교에 다니는 딸이 있어 남편이 주는 생활비로 부족했기 때문이다. 장이 어려우면 안 보면 되고 그달 생활비를 빼면 나는 대만족이었다.

"나를 귀하게 여겨라."
"돈을 벌면 먼저 나를 생각하고 가족, 이웃을 생각하라."

이런 말씀을 들으며 시간이 지나면서 나는 자신감이라는 것까지 생겼다.

대표님과 함께 가지 않았다면 지금 나는 다른 삶을 살고 있을 것이다. 주식시장에 무턱대고 뛰어 들어 빠른 시간에 신가치투자 김원기대표님을 만난 것은 내 인생의 큰 행운이다. 대표님과 만남은 2012년 9월 17일이었다.

수익금 생활비로 뺀 돈

2013년 4월	〈120만원〉
5월	〈180만원〉
7월 3일	〈570만원〉
10월 25일	〈74만 9천원〉
11월 7일	〈100만원〉
12월 13일	〈88만원〉

총 11,329,000원을 빼서 생활비로 썼다.

좋은 주식을 사 놓고 더 올라갈 때까지 기다리지 못하고 다 팔아버린 것은 아까웠다. 제일 아까운 것은 삼천당제약이었다. 다시 사지 뭐, 하고 까치밥도 남기지 않고 다 팔아 버렸다. "팔고 다음에 산다고 해도 그 주식 못 삽니다. 다른 주식 사지. 또 값이 올랐을 때 팔라고 사인을 내지 않는 데도 다 이유가 있어요. 기다리면 다 올라가는 데 작은 거 그거 먹으려고 여러분한테 준 것이 아닙니다. 내려가도 참고 있으면 꼭 좋은 일이 일어나기 때문이죠. 팔면 그 주식은 사라지고 없어요. "하시던 말씀을 나는 체험으로 잘 알고 있다.

배당금이 무엇인지도 모르는 내가 배당금과 주식배당을 처음 받았을 때 정말 기뻤다. 지금도 생각하면 눈물이 난다. 회원분들의 매매일지도 많은 도움이 되었다. 주식시장에서 지금도 나는 살아있다.

나는 아주 오래도록 투자를 하며 살아 있을 것이며 이것을 즐길 것이다.

내 원금이 살아 있으면서 수익금으로 생활을 한다는 것은 어려운 일이다. 이 모든 것은 신가치투자 김원기대표님 곁에 있었기에 가능한 일이다.

세계로TV (www. segerotv. com) 매매일지 284번의 게시글

11

부자채민아빠 2013년 12월 수익표

필명 : 부자채민아빠

안녕하세요. 김원기 대표님과 세계로TV 회원님들~~! 늦었지만 새해 복 많이 받으시고 가정의 평안함을 하나님께 기도 드릴께요.

세계로TV 가입 이후 매달 수익률의 차이는 있었지만, 거의 매달 수익나게 해주시는 김원기대표님께 다시 한번 감사드립니다.

대표님을 만난 지도 어언 횟수로는 벌써 4년째가 되어 가는 것 같습니다.

대표님 만난 이후로 시간이 가면 갈수록 주식은 점점 신경이 안 쓰입니다. 제가 본업에만 전념할 수 있는 건 김원기대표님에 대한 신뢰와 믿음이 이젠 완전히 제 마음속에 자리를 잡았기 때문입니다.

1-2% 더 수익을 올리기 위해 마음이 급하거나, 하던 일을 멈추고 주식을 보는 일은 거의 없어졌습니다.

때론 회사 미팅 도중에 문자로 매도 사인이 있을 때도, 마음 급하게 바로 박차고 나가서 빨리 팔아야한다는 조급함이 전혀 없습니다.

오히려 조금 늦게 팔아 1-2% 손해볼 때도 있고 조금 더 이익이 난 적도 있고…

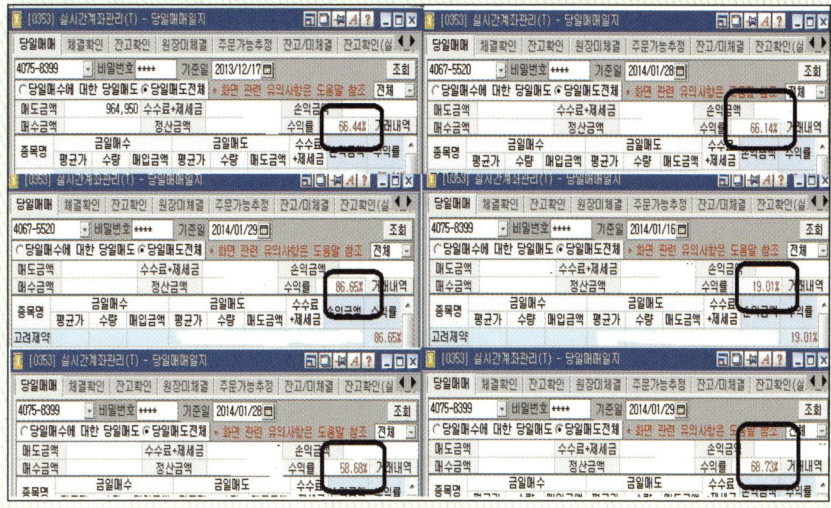

그때그때 상황에 따라 복불복인 거 같습니다.

대신 전체 수익으로 봐서는 1-2%가 아무것도 아닌 것 같습니다.

수익률표 보시면 아시겠지만 10% 전후 수익을 내려고 했으면, 아마 진작에 있는 자금 다 까먹고 빚까지 져서 허덕였을 거 같습니다.

회원여러분들 ~~! 저희 김원기대표님의 추천주는 1등급 씨앗을 기름진 바닥에 심는 것이기 때문에 봄이 오면 싹을 틔워, 멋지고 감동적인 꽃으로 피어납니다. 정말 꽁꽁 얼어붙은 겨울 같은 주식시장에서 한줄기 빛으로 자라는 그런 꽃이라고 할까요!

작년 겨울 산타랠리는 없었지만, 2014년 새해가 밝아 멋지고 감동적인 꽃이 이제 막 피기 시작했습니다.

개인적으로 얼마 전 아버님을 하늘나라로 보내드리고, 몸과 마음이 힘들었을 때도 변함없이 김원기대표님은 제게 힘내라고 감동적인 꽃을 선물로 주셨습니다.

저는 2011년 세계로TV에 가입해서 지금까지 매달 매매일지를 보시면 아시겠지만 수익률은 매달 끊이지 않는 물레방아입니다.

제게 거의 한번도 멈추지 않았던 물레방아는 4년째 진입한 2014년 지금 현재까지도 잘 돌아가고 있습니다.

제가 수익이 난 이유는, 제 자신이 특별한 사람이라서라기보다 모니터 안쳐다보고 김원기대표님 문자리딩만 보고 사라면 사고, 팔라면 팔기만 했기 때문입니다.

물론 저만의 약간의 원칙은 20% 정도 현금을 보유하다가 지수의 영향으로 빠지는 장에서는 대표님 추천주 −10~−30% 정도 내려가기 시작하면 야금야금 추가매수를 한다는 겁니다.

그것도 스마트폰으로 시간날 때 보고 조금씩 지속적으로 매수합니다.

하지만, 장이 반전되서 올라가면 거의 추가매수는 없습니다.

매도종목은 보유하고 있다가 대표님 신규 추천주들 문자로 받은 종목 보고 있다가 가급적 가장 많이 빠져있는 종목을 신규매수 합니다.

저는 지금 습관이 되었는지 재미로 추가매수를 하는 것 같아요.

대신 귀찮은 분들은 대표님께서 사라고 할 때 사고, 팔라고 할 때 파셔도 수익은 커집니다. =>이 방법 추천!

하루, 일주일, 한 달 내 수익을 기대하고 들어오시면, 정말 힘든 상황도 경험하시게 됩니다.

추천주 다 사셨으면 1년짜리 정기적금 들어놨다고 생각하시고, 매도사인 오기 전까지는 가족과 편안한 분들과 편안한 인생을 즐기려고 노력하세요. 시간 지나고 보니, 더 가족하고 함께해야 한다는 생각이 점점 더 들어서

요~. 오늘도 서두없이 이야기가 길어졌네요~

세계로TV에 계신 모든 가족들 모두 성투하시길 하나님께 기도 드릴게요. 대표님 늘 변함없이 사랑하고 감사합니다. *^^*

수익표 중 아래 고려제약은 두 계좌로 분할 매도했습니다. 고려제약은 오랜 시간 들고 있었답니다.

세계로TV(www. segerotv. com) 매매일지 291번 게시글

12

아내가 맡긴 작고 예쁜 계좌

필명 : 소원대로 부자

지금은 사람은 옷을 더 입어 자기를 은밀히 감추는 계절이요, 자연은 옷을 다 벗은 채 자기 모습을 고스란히 한 점도 감추지 않고 진실히 드러내 보여주는 계절인 겨울입니다.

이번에 올리는 매매일지는 집사람이 제게 맡긴 작은 계좌인데, 두 번째 매매일지를 올릴 때 언급하였던 또 하나의 계좌를 처음으로 공개합니다.

기회에 감추어진 저의 삶과 주식으로 잃고 얻은 전부를 겨울나무처럼 옷을 벗어 보려고 합니다.

저는 결혼 전 청년 때에 질병으로 인하여 후천적 장애를 입어 지체장애 4급 장애를 가졌고, 아내는 결혼 후 질병으로 인하여 지체장애 3급 장애를 가졌습니다.

그래서 젊은 때는 굴곡 많은 세월을 살았고, 직업 또한 봉사직이어서 한 달 살기에도 급급한 삶을 사는 동안 나이만 들어갔고 자녀들은 자라갔으며 남는 것은 고생과 가난과 노후에 대한 염려뿐이었습니다.

그렇게 살던 어느 날 지인에게 주식투자 권유를 받고 2009년 5월 초쯤

■ 소원대로 부자 님의 실제 매매계좌

종목명	구분	평가손익	수익률	매입가	잔고	매도가능	현재가	손익분기매입가
	현금	1,202	0.52	3,810	60	60	3,880	3,859
	현금	77,440	4.60	16,800	100	100	17,700	16,925
	현금	43,805	6.21	1,410	500	500	1,510	1,422
	현금	163,656	12.94	3,160	400	400	3,595	3,185
	현금	2,247	0.46	3,950	123	123	4,020	4,001
	현금	21,578	2.37	4,540	200	200	4,685	4,577
	현금	1,890	3.50	1,350	40	40	1,415	1,367
	현금	280,989	42.86	2,185	300	300	3,145	2,208
	현금	19,731	4.22	4,670	100	100	4,930	4,732
	현금	-18,254	-3.73	4,900	100	100	4,780	4,962
	현금	29,421	12.58	3,895	60	60	4,440	3,949

150만원으로 주식투자를 시작하게 되었습니다.

제일 처음 산 주식이 한국전력이었는데 20% 정도 수익을 얻으며 주식으로 돈을 벌 수 있다는 자신감을 갖고 주식 공부를 하자는 마음을 먹고 경제 TV들을 시청하게 되었는데, 이데일리TV에서 방영하는 대가들의 투자비법이란 프로그램을 보던 중 김원기대표님의 강의 방송을 보게 되었고, 세계로TV 무료 회원가입을 하여 공부하며 대표님 무료 추천주를 중심으로 주식투자를 하게 되었습니다.

처음에는 대표님 무료 추천주로 실제 수익을 낼 수 있는지를 살펴보았습니다. 그렇게 일 년을 지켜보는데 보통 40%에서 100% 이상의 수익이 나는 것을 경험하게 되었습니다.

그래서 수익을 내면 반드시 유료회원 가입을 하겠다는 마음으로 주식투자를 하는데 평균 20%에서 30%를 오르내리는 경험을 하게 되었고, 2011년 5월경에는 전체 계좌의 50% 손실을 보았으나 7월쯤에 원금을 회복하고 수익으로 돌아서게 되었습니다.

처음 주식을 시작할 때 150만원으로 수익을 조금씩 내면서 돈이 생길 때마다 원금을 불려나갔고, 2011년 7월 말쯤에 이디로 큰 수익을 보면서 2200만원이 되었습니다.

그래서 마음먹고 대표님 회원으로 한 달 가입을 하였는데 가입하자마자 최악의 장이 시작되었고, 대표님 추천주를 샀는데도 불구하고 원금이 1300만원으로 줄게 되었습니다.

그때 대표님도 별 수 없는 분이라는 생각이 들었고, 회비 99만원이 아까워서 재연장을 포기하였습니다.

대표님에게 가입했을 때 포드폴리오를 메모해놓고 혼자 매매하는 4개월 동안에 원금은 800만원으로 줄어들었습니다.

그리고 메모해 놓았던 포트폴리오를 확인해보니 원금이 회복되고 수익으로 돌아서 있었습니다. 그 포트폴리오를 보는 순간 재연장하지 못한 것이 한이 되었고, 어떻게 해서라도 다시 대표님 회원이 되어야겠다는 생각으로 사는데 2011년 12월 말경에 아내의 도움으로 다시 대표님 회원이 되어 지금까지 왔습니다.

현재는 800만원이 2000만원이 되었는데, 대표님 회원이 된 후 매달 생활비 일부와 세 딸의 교육비를 보충해야 하였기에 100% 이상 수익을 낼 수 있었던 이디, 세중, KCI, 한스바이오메드, 이글벳, 제일바이오, 삼천당제약, 코아스 등의 종목을 30에서 50% 정도의 수익을 얻고 매도하였습니다. 생활의 여유가 있었다면 원금이 일억 가까이에 가지 않았나 생각됩니다. 제가 주식에서 인출해서 쓴 돈은 원금 이상이고, 지금 계좌에 가지고 있는 돈은 전부 수익금입니다.

이런 대박을 맞을 수 있었던 것은 많은 주식 전문가들 중에 대표님을 만난 인연 때문이요, 대표님의 신가치투자 비법 때문입니다.

그래서 저는 주식하는 것이 행복합니다.

주식장이 열려 대표님 만나는 날이 제일 좋은 날입니다.

조선시대 정조 때의 실학자 박지원이 그의 저서 〈열하일기〉에서 자신을 인과 수와 행의 삼덕을 갖춘 선비라고 한 것처럼 김원기대표님 역시 예절과 해박한 지식과 이 두 가지를 자신의 인격과 삶과 주식에 합일시켰음에도 불구하고 끊임없이 일취월장 노력하시고 애쓰시는 기질을 가지셨고, 저는 그 매력에 빠져서 대표님을 통해 많은 것을 배우며 지식과 온갖 정보를 얻고 남은 생애의 목표를 설정하고 주식 투자도 하고 인생의 행복을 느끼며 살고 있습니다.

그리고 대표님 평생회원으로 가리라는 다짐과 기대 속에서 주식투자를 하고 있습니다.

저는 주식장이 끝나면 매일 두 시간 정도 산책을 하는데 그때마다 즐겨 부르는 노래가 있습니다.

오승근의 내 나이가 어때서인데요. "야 야 야 내 나이가 어때서 주식하는데 나이가 있나요 마음은 하나요 느낌도 하나요 그대(주식)만이 정말 내 사랑인데 눈물이 나네요 내 나이가 어때서 대박 맞기 딱 좋은 나인데 어느 날 우연히 거울 속에 비춰진 내 모습을 바라보면서 세월아 비켜라 내 나이가 어때서 부자되기 딱 좋은 나인데"

이 매매일지를 보시는 모든 분들이여. 김원기대표님 회원이 되어 신가치투자로 대박 맞고 부자 되세요. 적극 추천합니다.

TO : 매매일지를 읽어주시고 격려해 주심을 감사합니다. 그 감사의 마음을 담아 어제 오후 산행길에 쓴 글로 감사를 표합니다.

그렇게 살고 싶습니다

오늘도 변덕심 많은 사람 같은 주식 시장이 문을 닫았습니다. 나는 얼른 일어나 산행 차림을 하고 길을 나섭니다. 한 손에 스마트폰을 들고 이어폰을 꺼내 두 귀에 꽂았습니다. "야야야 내 나이가 어때서" 이어폰으로 들리는 음악이 마음의 시름을 녹여 내립니다. 오후 장 작은 매매일지 하나에 감동을 나누고 서로 축하해주며 격려와 위안을 나누는 아름다운 사람들을 생각하니 가파른 산행길이 힘들지 않습니다.

그렇게 한참을 더 갑니다. 금세 작은 봉우리 성태산 정상입니다. 벤치에 몸을 기대봅니다. 모든 것이 아름답게 보입니다. 눈앞에 보이는 골프장 성냥갑처럼 보여 지는 집들도 아기자기해 보입니다. 겹겹이 포개진 산들과 능선들 그 위에 은은히 낀 안개하늘에서 내린 눈들이 앉아 순백향의 눈꽃이 되었습니다. 구름 속에 숨은 태양이 빛을 내리니 과히 절경이요, 장관입니다.

그리로 끌려가는 시선은 아름다움을 가져와 머리와 가슴에 새겨줍니다. 눈앞에 앙상한 가지와 둥치만 남은 겨울나무들마저 거칠게 보이지 않습니다. 살을 쏘는 것 같은 바람도 차갑지 않습니다. 인기척이 느껴집니다. 산행길에 쉬어가던 여인네들이 따뜻한 차 한 잔을 권합니다. 내 곁에는 따뜻하고 좋은 사람들만 있습니다. 그렇게 살고 싶습니다. 아름다운 자연처럼 차 한 잔을 나누는 여인네들처럼 작은 것 하나에 눈물과 웃음을 나누는 아름다운 사람들처럼 그렇게 살고 싶습니다.

세계로TV (www.segerotv.com) 회원매매일지 286번의 게시글

13

대표님과의 만남으로 인생이 바뀌고 있습니다

|

필명 : 박C

저는 박C라는 필명으로 가입한 지 어느덧 3개월이 지났습니다. 애널리스트가 되기 위해 좋은 우연한 기회로 대표님을 만나 뵙게 되었습니다.

처음에는 강연회에서 강연을 듣게 되어 대표님을 알게 되었는데 저는 그 때 당시 어린나이 25살에 처음 부모님의 돈으로 주식을 시작한 지 2년이 지나 3년으로 향하는 시기였습니다. 그 때 수많은 매매와 손절로 인해 저의 주식 계좌는 깡통을 향하고 있었습니다. 정말 초단위로 팔아보기도 하고 길게는 2년을 넘게 가지고 있는 주식도 있었습니다. 초단기부터 장기투자까지 저는 이것저것 다 해봤습니다.

학교를 다니면서도 학교공부보단 주식에 매진했고 수많은 책을 보면서 혼자 공부를 하던 중 가치투자에 대해 눈을 뜨기 시작했습니다. 하지만 역시 그 또한 어려운 길이었습니다. 뭔가가 부족하다는 느낌이 들었던 것이었습니다. 마침 강연회를 듣고 대표님을 만나게 되면서 저는 무릎을 치면서 '이것이다' 라는 생각이 들었습니다.

단지 대표님의 명성 때문이 아니라 그 실력과 그 마음에 감동을 했습니다. 그때부터 비법보다 대표님의 생각을 배우고 싶었습니다. 어떤 책을 읽으시는지 또 어떤 생각을 가지고 계시는지 그리고 세상을 어떻게 바라보시는지 기법보단 저에겐 그것이 우선이었습니다. 제 스스로가 주식을 할 마음이 먼저 되어야 한다고 생각했기 때문입니다.

그리고 좋은 기회에 대표님을 만나 애널리스트가 되기 위해 준비과정을 시작했습니다. 처음 방송을 들으면서 대부분은 기대했던 것보다 실망하기 마련인데 역시나 제가 생각한 그 이상이었습니다. 오히려 '과연 제가 저 분의 모습의 반이라도 따라 갈수 있을까' 라는 걱정과 근심이 생겼습니다. 방송을 들을 때마다 두려울 정도였습니다. 아직 3개월이란 시간밖에 안 지났지만 배울 것이 너무 많다는 생각이 들었습니다. 하지만 천천히 하나씩 제대로 배우려고 하고 있습니다.

전 700만원이라는 작은 돈으로 현재 대표님을 따라하고 있습니다. 욕심으로는 부모님께 더 도움을 받고 싶지만 그보다 대표님을 따르면 700만원이라는 돈으로도 충분히 큰돈을 벌 수 있다는 선례가 되고 싶기 때문에 욕심이 생기지만 참고 현재에 충실하고 있습니다. 물론 전 돈을 버는 것이 전부가 아니기 때문에 큰 욕심은 없습니다만 제가 큰돈을 벌고 많은 것을 배워야 신가치투자의 명성을 드높일 수 있다고 생각합니다.

10월 처음에는 한 달 동안 매일같이 상한가가 쏟아지면서 제가 가지고 있던 종목들 중에서도 작지만 수익이 막 나기 시작했습니다.

특히 추천한 지 약 3일만에 거의 60% 넘는 수익을 기록한 종목도 있었고 짧은 시간에 약 50%의 수익을 난 종목도 제 계좌에서 생기기 시작했습니다. 그러나 장이 어려워지면서 11월 12월 현재는 10월에 비하면 손실이 났습니다. 하지만 기존에 제가 가지고 있던 종목을 계속 보유했다면 아마 훨

씬 큰 손실이 났을 것입다. 그나마 현재 계좌에는 손실로 기록되고 있는 상황이지만 처음 투자한 돈에서는 이익입니다. 이렇게 어려운 장에서도 잃지 않고 있다는 것은 장만 좋아지면 얼마든지 오를 수 있다는 신호로 해석이 됩니다. 그때는 제가 제일 먼저 매매일지를 올리면서 수익이 나는 것을 확인시켜드릴 것을 약속합니다.

아직 시작한 지 3개월, 그러나 정말 어려운 장을 겪게 되면서 큰 수익은 나지 않고 있지만 오히려 이렇게 수익이 나는 과정을 올릴 수 있게 되는 시초점이 되지 않나 생각합니다. 저는 믿고 있습니다. 그리고 전 기대됩니다. 제 인생이 바뀔 것을… 앞으로 제가 올리는 매매일지를 보시면서 많은 분들이 꿈을 가졌으면 좋겠습니다. 700만원이 어떻게 얼마나 더 큰돈으로 변하고 있는지 보여드리겠습니다.

이렇게 저의 인생을 바꿀 수 있는 기회를 주신 대표님께 감사드립니다. 아직까지는 부족한 점도 많고 배울 것도 많지만 장이 좋을 때 열광하기보단 냉정한 마음을 유지하고 장이 나쁠 때 희망을 잃지 않고 긍정적일 수 있는 사람이 되길 원합니다. 새해에도 지금과 같은 아니 더 많은 울림으로써 금융강국을 만들 수 있길 기원합니다.

긴 글 읽어 주셔서 감사합니다. 제 글을 읽어주신 모든 분들 새해 복 많이 받으시고 부자되십시오.

세계로TV(www. segerotv. com) 회원매매일지 278번 게시글

14

내가 이루어가는 꿈 이야기

필명 : 마도로스

김구 선생님의 어록이 생각납니다. "눈 덮인 들판을 걸어갈 때 발걸음을 하나라도 어지럽히지 마라, 오늘 내가 가는 이 길은 뒷사람의 이정표가 될 것이므로…" 이 어록을 생각하면 김대표님의 삶의 이야기가 스쳐갑니다. 언젠가 이데일리TV 방송에 나오셔서 열강하는 프로그램을 청취하게 되었고 그 후 부자TV(현 세계로TV) 무료방송을 통해서도 주식에 대한 이야기를 들었을 때 주식으로 남다른 고생과 실패 경험에 대한 노력과 도전에 벅찬 감동을 느끼곤 했으며 공감되는 부분도 많았습니다.

아마도 저의 생각에 김대표님의 주식인생이 김구선생님의 어록과 같지 않나 생각합니다.

많은 실패와 시행착오를 경험하시고 오늘날에야 주식하는 뒷사람들의 이정표가 되시는 것 같습니다.

"주식해서 돈 번 사람 없다". "주식하면 망한다" 등 주식과 관련된 부정적인 표현들이 만연한 사회에서 그렇지 않다는 것을 증명하시는 것 같습니다. 돌이켜 보면 철없던 시절 돈 좀 벌겠다고 전세금(약 3000만원)을 낮추어

(약 2000만원) 가면서 그 남은 자금(1000만원)으로 주식을 했다가 다 날린 기억이 있습니다.

그 후로 박봉으로(공직) 생계를 이어가던 집사람에게 얼마나 큰 못을 박은 건지 그때는 몰랐습니다. 이후로는 입에서 주식의 '주'자도 꺼내보지 못했고 버는 대로 저축하면서 살아왔습니다.

그렇게 잊고 살아가던 어느 날 퇴근 후 우연히 TV채널을 여기저기 누르던 중 TV화면이 터질 듯한 강력한 목소리가 들려왔습니다.

신기한 마음으로 방송을 청취하던중 한편으로는 '건방진 분이구나' 하는 느낌도 받았지만 왠지 자신감을 느끼게 되었고 어느새 그 강의에 중독이 되었습니다. 그래서 잊었던 주식에 대하여 새싹이 돋는 듯했고, 그동안 무엇인가 부족하고 오랜 갈증이 시원한 물 한 모금 마시는 것 같은 신선한 느낌을 받았습니다. 당시 방송 때마다 추천하신 한화석화(현 한화케미컬) 주식을 매수(11,700원대 4,270)하게 되었습니다. "주식을 사서 아들에게 주라"는 말씀에 그저 묻어놓고 잊고 있었습니다.

어느 날 종목을 확인한 순간 믿지 못할 일이 벌어진 것입니다. 11,700원이었던 주식이 50,000원이 넘어 있었습니다(무려 2억 정도).

마치 누군가 잃어버린 현금을 길에서 주은 것처럼 가슴이 두근거리고 믿을 수 없는 기적이었습니다. 차익실현 후 2000만원을 아내에게 주었고 기뻐하는 모습을 바라보니 남편으로서의 뿌듯함이 받는 집사람보다 더 진하게 느껴져 왔습니다.

그 후 세계로TV에 가입하여 적극적으로 투자하려 했으나 집사람의 만류로 오랜 기간 이해 설득하여 2013년 3월에 가입했습니다. 문자를 통해서 한종목 한종목 매수를 시작하였고 매수비중(5~7%)도 철저하게 지켜 현재

매수 종목이 26개 남짓 되는 것 같습니다. 계속되는 매수 문자에도 매수 자금이 없어 매수하지 못하는 아쉬움이 있었습니다. 허나 가입시점이 주식시장이 어려운 때인지라 수익보다는 손실이 많았습니다.

저 역시 사람인지라 수익이 없고 손실만 발생하다보니 김대표님에 대한 신뢰가 깨지는 것이 아닌가 하는 생각도 해보았습니다. 그때 이런 어록이 생각났습니다. "의심하는 사람이거든 쓰지를 말고 쓰는 사람이거든 의심하지 말라"는 김구 선생님의 말씀처럼 나의 선택을 믿으며 묵묵히 기다리고 있었습니다(저는 직장인이라서 방송에 참여가 곤란함).

요즘 아주 좋은날이 매일 매일 눈앞에서 펼쳐지고 있습니다. 또 다른 기적이 아닐까요? 여러분!

그동안 지루하고 힘들었던 시간들을 보상이라도 받듯이 행복한 시간을 보내고 있습니다. 이젠 저는 퇴직을 준비하고 있습니다.

퇴직 후의 새로운 삶을 위해 준비중에 있습니다. 양지바르고 아주 한적한 곳에 예쁜 집을 짓고 소박하게 살아가려는 꿈을 꾸고 있습니다.

아마 이 꿈을 이루게 될 것입니다. 또한 이 꿈은 김대표님이 이루어 주시리라 믿으며 꿈을 이룰 그날까지 함께 하고 싶습니다.

얼마 안 있으면 회원 만료가 됩니다. 평생회원으로 가입할 계획입니다. 내가 이루어 가는 꿈은 부자도 아닌 퇴직 후의 여생을 편안히 보내는 것입니다. 지켜봐주세요 그리고 감사하고 고맙습니다. 새로운 꿈을 주신 김대표님께…

세계로TV(www. segerotv. com) 회원매매일지 289번 게시글

※이외에 더 많은 매매일지는 세계로TV에서 확인할 수 있습니다.

나의 생생한 주식 실전기

|

김원기

나는 강원도 평창의 가난한 집안에서 2남 3녀의 장남으로 태어났다. 어린 시절 가정형편이 어렵다 보니 부모님과 떨어져 할머니 집에서 지내야 했다. 16세 때의 이야기이다. "산속에서 생활하면 송아지 한 마리를 준다"는 말을 듣고 산에서 홀로 목동 생활을 하며 지내기도 했다. 밤이 되면 산속에서 들리는 여러 소리들이 무서워 화장실이 가고 싶어도 참고 자야 했고 "나는 왜 이리 혼자 외롭게 지내야 하나" 하는 생각에 눈물을 흘리기도 했다. 지나고 생각해보면 '어린 그 시절에 먹을 것도 없어 산나물을 캐어 고추장에 찍어서 먹었던 그 때가 가장 힘든 시절이 아니었나' 하는 생각을 한다. 이때의 경험은 살아가면서 아무리 힘든 일을 해도 참고 견딜 수 있는 밑바탕이 되어 주었다.

부모님과 떨어져 지낸 산속생활로 인해 마음속에서 항상 부자가 되고 싶다, 성공하고 싶다는 열망이 자리를 잡던 계기가 되기도 하였다.

노점장사를 하던 1986년 당시 집 근처에 증권회사가 있었다. 나의 머릿속에는 '어떻게 하면 부자가 될 수 있을까'를 생각하였던 터라 호기심에 들어가 보게 되었고 이후 많은 사람들이 모여 투자하는 것을 보고 나도 주식투자를 하게 되었다. 매스컴에서는 연일 증권, 은행, 보험, 건설주가 폭등하고 있다는 뉴스가 보도되고 있었다.

주식이 무엇인지도 모르고 시작한 나는 당시 트로이카붐에 편승하여 약간의 돈을 벌었다. 이것이 나와 주식의 운명적인 첫 만남이었다. 수익이 나자 쉽게 돈을 벌 수 있을 것 같다는 착각에 빠졌다. 운이 좋으면 가끔 수익이 나는 경우도 있었지만, 잦은 매매를 반복하며 알코올 중독보다 무서운 시세 중독에 빠졌다. 하루도 빠짐없이 증권회사의 시세판 앞에 앉아 눈을 떼지 않았고 신문에 난 추천종목을 사보기도 했고 전문가가 녹음해 놓은 ARS를 듣고 매매를 했지만 번번이 돈을 잃고 말았다.

이후 요식업을 시작하였고, 안정적으로 가게를 운영한 덕분에 주식으로 돈을 잃어도 생활하는 데는 큰 지장이 없었다.

1997년에는 지금과 같은 차트가 흔하지 않은 시절이었다. 본격적으로 주식 공부를 해야겠다는 마음을 가지고 수백만원을 들여 차트를 구입했고 주식 관련 책도 사서 공부했다.

때마침 미국에서 시작된 IT혁명은 1990년 후반 한국에도 IT 관련주들의 폭등을 불러왔다.

1999년 9월 시작된 코스닥의 상승랠리는 2000년 3월 초까지 이어졌다. 인디시스템, 사이버텍, 엔트, 벤트리 등의 종목으로 큰 수익을 내며 그동안 계속되었던 실패에서 벗어날 수 있었다. 이를 계기로 주식투자에서 자신감을 회복하자 잘되던 요식업마저 처분하고 본격적으로 전업투자자의 길로 들어서게 되었다.

막상 전업투자자의 길로 들어서고 보니 주식투자란 그리 만만한 게 아니었다. 2000년 3월, 증권사 직원의 권유로 14만원에 매수한 인디시스템 종목을 60만원에 매도하였다. 그러나 미련이 남았다. 팔았던 주식이 더 많이 상승할 것처럼 보였다. 그래서 대안으로 매수한 종목이 TG벤처, 범아경비 등이었다. 그러나 매수한 다음날부터 하한가와 급락이 시작되면서 불행이 시작되었다. 그동안 주식투자로 수익난 돈은 급격히 줄어들었고 설상가상으로 2000년 8월 교통사고까지 당했다.

교통사고로 다리 세 군데에 골절상을 입어 장기환자로 입원하게 되었는데도 주식에 대한 미련을 버리지 못하고 병실에 PC를 설치하여 HTS를 보면서 잦은 매매를 하였다. 결국 남은 자금마저도 거의 다 날리고 말았다.

'차라리 주식시장에서 돈을 벌지 않았다면 이렇게 큰 고통을 겪지 않았을 텐데…' 한없는 후회감이 밀려왔다.

주식으로 돈 버는 재미를 알게 되자 더 큰돈을 벌겠다는 환상에 빠져 분별력을 상실하고 만 것이다. 결국 밑바닥까지 추락하게 되었고 삶의 의욕을 잃어버린 나는 생을 포기하려고 한강을 수차례 배회하기도 했다. 돈이 없어 물로 안주를 삼아 소주를 매일 마시며 몸을 혹사시켰다.

시간이 약이라고 했던가? 다시 의욕을 찾게 되면서 2003년 교통사고로 받은 보험금으로 강서구 신월동에서 3.5평의 조그마한 분식 가게를 시작하였다. 그전에는 큰 가게를 운영하고 주식투자로 돈도 벌었던 나는 작은 가게를 하게 되자 자격지심이 생겼다.

그동안 만났던 지인들이 나를 손가락질하는 것만 같아 연락을 모두 끊고 가게를 했던 홍대쪽은 가지도 않았다.

낮에는 일하고 밤에는 가게의 다락방에서 주식공부를 하며 그동안 매매했던 문제점을 반복하여 분석해 나갔다.

나는 단기성향으로 수급에 의한 상한가 따라잡기, 하한가 풀기 위주로 하루에도 몇 번씩 추격매수를 비롯해 잦은 손절매와 미수까지 한마디로 기준과 원칙이 없는 상태에서 잦은 매매를 한 것이다.

나의 종목선정법에는 기업 본연의 가치분석이 빠져 있었다. 오로지 수급에 의한 잦은 매매였고 투자가 아닌 돈 놓고 돈 먹기식의 투기일 뿐이었다.

그동안 실패했던 매매방법의 문제점을 복기하여 기준과 원칙을 새롭게 만들었다. 안전하게 큰 수익을 낼 수 있는 방법은 없을까? 그러던 중에 예전부터 알고 있던 '가치투자' 라는 말이 생각났다. 막상 단기매매로 큰돈을 잃고 보니 그때서야 가치투자의 의미가 새롭게 다가왔다.

나는 가치투자의 대가인 벤저민 그레이엄, 워렌 버핏, 피터 린치 등의 책을 다시 읽으며 기본적가치의 중요성을 깨달았고 조셉 그린빌과 엘리어트 파동의 기술적 분석, 매집 등을 연구했다. 다락방에서 4개월간 각고로 노력한 나의 울림은 '신가치투자' 라는 메아리를 안겨주었다.

이런 노력의 결실로 탄생한 기법이 바로 '신가치투자' 이다. 오랜 시행착오를 겪으며 만들어진 신가치투자는 평생 부자되는 투자법으로 원금을 보장해줄 뿐만 아니라 시세차익과 배당을 받는 1석2조의 효과를 누릴 수 있다.

2003년부터 2005년 사이 황우석 박사 열풍과 함께 바이오주에 붐이 일었다. '신가치투자' 로 무장한 나는 중앙백신, 산성피앤씨 등에서 200일선 매집을 확인하였다. 가지고 있던 자금과 교통사고로 받았던 보험금을 합쳐 중앙백신과 산성피앤씨, 대성산업 등을 매수하였다. 매수한 종목들이 급등을 하며 큰 수익이 났고 그동안의 손실을 만회할 수 있었다. 그즈음 지인의 권유로 2006년 6월 전업투자자에서 애널리스트로 전향을 하게 되었다.

2008년 미국 금융위기는 다시 한번 신가치투자를 검증할 기회였다.

모두가 공포에 질려서 투매할 때 신가치투자의 위력을 유감없이 보여줬다.

그 당시 이데일리TV 방송에 출연해 추천했던 한화케미칼, GS 등 종목들이 급등하며 확고한 자리매김을 한 것이다.

그 당시 내가 만든 유행어가 있다. "주식 사서 2세에게 물려주자." "봄이 왔는데 꽃샘추위를 한다고 해서 도로 겨울로 돌아가지 않는다."

그리고 2012년 모두가 차화정(자동차, 화학, 정유)에 열광할 때 서울경제TV에 출연하여 차화정 매도하여야 한다고 역설했다. 곧 개별주 장세가 도래한다고 강력하게 설파했고 그 후 대선주를 비롯한 개별주에서 큰 수익을 냈다.

애널리스트가 된 것은 그동안 내가 겪었던 실패와 고통의 과정들을 일반 투자자들이 겪지 않도록 하기 위함이었고 신가치투자를 알려 모든 사람들을 부자로 만들고 그 부를 나누는 행복한 세상을 만들고 싶어서이다. 나의 원동력에도 이 내용은 담겨 있다.

더 많은 투자자들에게 신가치투자로 부를 안겨주기 위해 애널리스트 양성 과정도 운영하고 있다.

2014년 2월까지 신가치투자 교육을 받은 50여명의 교육생들은 세계로TV 및 기타 증권사이트, TV에서 애널리스트로 왕성한 활동을 하고 있다. 신가치투자를 전파하고 있는 제자들을 보면서 보람과 긍지를 느낀다.

신가치투자를 더 널리 전파하여 국민을 부자로 만들고 대한민국이 금융강국이 되는 그날까지 감사, 겸손, 사랑하는 마음으로 초심을 잃지 않고 더욱더 정진할 것을 다짐한다. 사랑합니다.

시장의 방향은 정해진 대로 간다
어떤 사건 사고가 일어난다고 해도 시계의 지표는 되돌리지 못한다

| 2장 |

배당과 시세차익을 얻는
1석2조의 신가치투자

신가치투자는 먼저 차트를 분석하여 이평결집의 매집을 확인하고 저평가 국면에서 끼 있는 종목을 선별하여 상승초입인 엘리어트 파동의 2파 국면에서 분할 매수하는 손절없는 투자법으로, 안정적인 급등시세를 볼 수 있는 탁월한 투자방법이다.

신가치투자는 먼저 차트를 분석하여 이평결집의 매집을 확인하고 저평가 국면에서 끼 있는 종목을 선별하여 상승초입인 엘리어트 파동의 2파 국면에서 분할 매수하는 손절없는 투자법으로, 안정적인 급등시세를 볼 수 있는 탁월한 투자방법이다.

신가치투자는 세력이 매집한 저평가 종목을 대량 매수할 수 있고 일반 가치투자에 비해 빠른 수익을 거둘 수 있는 장점을 지녔다. 또 잦은 매매를 지양하고 분할 매수로 안정적인 투자를 할 수 있어 자금이 한정된 대부분의 개인투자자들에게 매우 적합한 투자법이다

'사 놓고 마냥 기다리는' 투자를 넘어 '곧 급등할 우량한 주식을 급등 직전 올라타는 전략'을 목표로 한다.

주식은 시간의 예술이자 타이밍의 예술이라는 말이 있다. 아무리 좋은

주식도 빠른 시세가 나지 않으면 투자자에게 좋은 주식일 수 없다. 사 놓고 오를 때까지 마냥 기다리는 것도 투자자 입장에서는 기회비용을 잃는 손실 투자가 될 수 있다. 개인투자자들에게 언제 오를지 모르는 주식을 기약없이 들고 있는 것만큼 심리적으로 어려운 일도 없다. 좋은 주식을 오랫동안 보유하다가 정작 본격적인 상승이 시작되는 지점에서 매도하고 마는 게 투자자의 전형적인 패턴이다. 그만큼 곧바로 움직임이 나타나지 않는 종목을 싫어한다는 의미이다.

신가치투자는 급등 직전에 저평가된 우량한 주식을 매수하기 때문에 기존의 지루한 가치투자와는 차별화가 되며 동시에 빠른 시세가 나기 때문에 투자자들에겐 매력적인 투자법이 되는 것이다.

> 신가치투자 = 기술적분석(매집) + 기본적분석 + 엘리어트 파동 + 조셉그린빌 +
> 배당 + 신용 + 꿈 + 재료

신가치투자를 만들기까지에는 많은 시행착오를 거쳤다. 주식에 입문하여 상한가따라잡기, 정보매매, 단기매매 등을 하며 수익과 손실을 반복하는 과정에서 결국은 돈을 잃고 마는 것을 깨달으며 안전하게 수익을 낼 수 있는 방법은 없을까를 고심하던중 '가치투자' 라는 말이 귀에 들어왔다.

나는 가치 투자의 대가인 벤자민 그레이엄, 워렌 버핏, 피터 린치 등의 책을 새롭게 읽어나갔다. 그렇게 해서 기본적 가치의 중요성을 깨달았으며 또한 조셉 그린빌과 엘리어트, 다우이론의 기술적 분석을 배웠다.

그리고 나서 기본적 가치와 기술적 분석을 접목해 '신가치투자 기법' 을 정립하게 되었다. 그로부터 가치평가와 차트분석을 통한 종목발굴로 실패하지 않는 투자의 길로 접어들게 되었다.

가치투자와 신가치투자의 차이점

가치투자와 신가치투자의 차이점을 한마디로 표현하면 '빠른 시세를 볼 수 있다'는 것이다. 기존의 가치투자에서 가장 중요하게 생각하는 부분은 기업이 저평가 되어 있느냐의 여부이다. 그러나 신가치투자는 먼저 매집이 되었는지를 확인한 후 기업의 저평가 여부를 확인하는 것이므로 안정성은 기본이고 빠른 시세를 본다는 강점이 있는 것이다.

> 일반 가치투자 : 가치평가 > 차트분석
> 신 가치투자 : 차트분석 > 가치평가

보통 가치투자는 가치평가를 해서 저 PER주를 고르고 다시 차트분석을 하게 된다. 그런데, '신 가치투자'는 이와는 정반대이다. 먼저, 차트를 분석하여 급등 에너지인 매집을 확인하고 나서 끼 있는 종목을 발굴한 다음에 가치 평가를 하여 저평가주를 고른다.

이렇게 순서가 바뀌게 되면 어떤 이점이 있을까? 보통 가치투자는 저평가주를 사서 장기 보유를 한다. 이에 반해 신가치투자는 세력의 매집여부를 먼저 확인하는 것이다. 그러므로 빠른 시세를 볼 수 있는 탁월한 강점이 있는 게 신가치투자이다.

보통의 개인 투자가들은 한정된 자금으로 언제까지나 주식을 보유할 수

만은 없다.

모름지기 주식은 시간의 예술이자, 타이밍의 예술이라 하지 않는가! 따라서 신가치투자는 간단히 이렇게 요약할 수도 있다.

신 가치투자 = 차트분석(매집 확인) > 가치평가 : 손절매 없는 매수 타이밍 포착

가치투자와 신가치투자 모두 실적대비 저평가된 가치있는 종목을 매수하여 보유하면 시세차익과 배당을 받을 수 있는 공통점이 있지만 기존의 가치투자는 매수하고 언제 오를지 모르고 마냥 기다리는 지루함이 있다. 그러나 신가치투자 종목을 매수하면 세력이 개입된 조셉그린빌의 10년 대바닥 종목 또는 엘리어트파동 조정2파의 종목을 적절한 매수급소에서 매수하기 때문에 가치투자보다는 빠른 시세차익을 얻을 수 있는 강점이 있다.

신가치투자의 또 다른 장점은 손절매가 없고 원금을 보장해 준다는 데 있다. 더불어 가장 큰 장점인 배당과 빠른 시세차익을 얻을 수 있는 1석2조의 투자방법으로 주식초보자도 안전하고 편안하게 급등 직전의 매집된 저평가주로 수익을 내는 최고의 방법이다.

신가치투자란

❶ 차트분석

❷ 급등에너지가 개입(매집)된 종목 선별

❸ 기본적 분석을 통한 저평가

❹ 적정가치에 도달할 때까지 보유하는 투자법

은행이자처럼 배당을 받는 투자법

현재 우리나라의 1인당 GDP는 2만5천 달러를 넘어 선진국 문턱의 진입과정에서 저성장, 고실업, 저출산이 지속되고 있다. 한때 1차산업과 2차산업이 주축을 이루는 산업화 과정에서는 은행금리를 두 자리 수에 가깝게 주던 시절도 있었다. 그러나 산업이 고도화 되는 시점에서부터는 금리가 물가를 쫓아가지 못하는 실질 마이너스 시대로 접어들었다.

1억을 은행에 저축했을 때 한 달 이자는 20만원 전후로 채 3%도 안 되는 실질 마이너스 금리인 상황이다. 그러므로 은행에 저축하는 것은 재테크 수단으로써 매력적인 투자가 되지 못하는 것이 현실이다.

생산성 산업인구가 정점을 치고 도시화가 완성되어가는 과정에서 부동산 투자도 예전처럼 수익을 내기 어려운 상태이다. 한때는 재테크 최고의 수단으로 돈이 몰렸었는데 이제는 서서히 거품이 꺼져가고 있다. 하우스푸어가 되어 고통을 받고 있으며 빚을 내서 부동산에 투자한 많은 사람들이 대출원금과 이를 갚지 못하여 깡통 부동산이 속출하고 있는 안타까운 실정이다.

마땅한 재테크 투자처가 없는 상황에서 주식은 경제성장과 더불어 성장이 지속적으로 이루어지는 기업에 투자하여 배당과 더불어 시세차익을 거두는 대안으로서 자리잡아 가고 있다. 그 중에서도 신가치투자는 손절매 없는 투자법으로 저평가된 우량주를 매수하여 보유만 하여도 배당과 시세 차익을 거두는 두 마리 토끼를 잡는 묘약인 것이다.

배당은 현금배당과 주식배당 두 가지 종류가 있으며 급성장하고 있는 기업의 경우에는 1년에 몇 번씩 배당이 이루어지기도 한다. 배당을 실시하는 기업은 실적이 수반되어 대주주가 주주를 우대하는 정책을 실시하는 것으로 배당은 자본주의의 전형적인 꽃이기도 하다.

　신가치투자는 이와 같이 은행이자처럼 배당을 받으며 저평가된 주식을 손절매 없이 매수하여 원금이 보장되고 더불어 시세차익도 얻을 수 있는 즐거운 투자법인 것이다.

　다음 장인 신가치투자의 8가지 조건에서 배당에 대해서 더 자세히 알아보기로 하자.

2 신가치투자의 8가지 조건

 기술적분석＋기본적분석＋엘리어트＋그린빌＋배당＋재료＋꿈＋신용이 신가치투자의 핵심이다.

신가치투자 요소

❶ 기본 : EPS–PER / BPS–PBR / ROE–은행이자
❷ 기술 : 이평선 결집 / 일봉, 주봉, 월봉
❸ 엘리어트 : 조정 2파
❹ 그린빌 : 10년 대바닥
❺ 배당 : 매년 실시
❻ 재료 : 명분
❼ 꿈 : 미래성장 가치
❽ 신용 : 수급

기술적 분석–매집을 알면 급등이 보인다

주식에서 매집이란 대주주나 주도세력이 기업의 내재가치나 호재성 재료를 미리 알고 주가가 오르기 전 바닥 국면에서 선취매 하는 것이다. 매집은 세력(거래량)＋가치(저평가)＋차트(정배열)＋정보(대주주, 내부자) 등을 규합해 분석

한다. 세력이 일정기간 매집을 한 후에 시세분출 과정을 거쳐 머리를 확인하고 8부 능선에서 분할 매도함으로써 한 사이클이 끝나게 된다.

통상적으로 매집은 내부 정보를 미리 알고 있는 대주주나 관련 세력에 의해 이루어진다. 이들은 저평가 종목 중에서 시장 트랜드에 맞는 종목군들을 매집하기 시작한다.

이때 세력은 한정된 자금으로 많은 물량을 저가에 매집해야 하므로 매집되기 전에 주가가 올라가는 것을 좋아하지 않는다. 따라서 주가가 상승하면 의도적으로 하락시켜 매수 매도를 반복한다.

세력은 추세를 따르면서 일반투자자의 입맛에 맞게 맞춰주기도 하고 속이기도 하면서 차트를 만들어 나간다. 주가가 상승해 일반 투자자가 추격매수하면 일부를 팔아서 주가를 하락시키고, 또 어느 정도 하락하면 재매수하면서 하락을 멈추게 만든다.

이렇게 우상향 그래프를 그리면서 박스권 장세가 연출된다. 정리하면 다음과 같다.

주가가 상승하면 일반투자자들은 고점에서 매수하지만 세력은 매도하고 주가가 하락하면 일반투자자들은 저점에서 매도하지만 세력은 매수한다.

세력은 고점매도와 저점매수를 마음대로 하면서 대량의 물량을 모아간다. 궁극적으로 세력은 매집한 주식을 가장 비싸게 매도하는 것이 목적일 것이다. 그러므로 매집이 끝난 후 주가가 모멘텀을 타고 상승하면 세력은 기다렸다는 듯이 정보를 매스컴과 인맥을 통해서 유출시킨다. 이때 개인투자자들은 확신을 갖고 적극 매수에 가담하지만 세력은 고가에 물량을 처분하며 유유히 빠져나온다.

기본적 분석-기본을 알면 두렵지 않다

"기업은 본연의 가치에 맞게 평가되기 마련이며 기업의 가치분석 없이 기술적 분석에만 의존해서는 주식시장에서 결코 성공할 수 없으며 세력의 손아귀에 놀아날 수밖에 없다."

　기본적 분석에 대해 알아보자. 단기매매의 단점을 극복하여 나를 현재의 위치에 오를 수 있도록 한 것은 앞에서 말했듯이 '신가치투자'이다. 투자자들은 바로 이 장에서 신가치투자의 '진면목'을 접하게 되리라 본다.

　실제 대부분의 투자자들은 차트에 지나칠 정도로 매달리고 있다. 오로지 차트만이 투자의 바로미터가 되는 것처럼 맹신하는 경우를 종종 보게 된다.

　그렇다고 차트가 전혀 소용이 없다는 말이 아니다. 중요한 건 차트를 보더라도 기업의 본질 가치를 파악해야 한다는 점이다

　여기에서는 차트와 기업의 내재가치를 분석하여 저평가 국면의 종목을 발굴하는 방법을 소개한다. 사실, 저평가 국면에 있는 종목들은 상승할 가치가 있기 때문에 세력이 개입되어 있을 확률이 매우 높다.

　주가는 기업의 실적과 자산가치의 그림자이다. 따라서 주가는 반드시 기업 가치를 찾아가게 되어 있다. 투자자들이 기업의 가치를 알면 어떻게 해야 할까?

　첫째, 주가가 기업가치 아래로 하락하여 저평가 국면일 때 매수하고,

　둘째, 주가가 기업가치 위로 상승하여 고평가될 때 매도해야 한다.

　그렇다면 어떻게 하면 저평가 종목을 고를 수 있을까? 저평가 종목을 고

르는 기준은 여러 가지가 있다.

　나의 실전 매매 경험을 통해 실질적으로 사용가치가 높은 것으로 검증된 것은 여러 가지가 있겠지만 압축해보면, 투자자들은 다음의 7가지 투자지표만 확실하게 알아 두면 큰 도움이 될 것이다.

- EPS(주당 순이익)= 총이익/총주식수(지속증가)
- PER(주가 수익비율)= 주가/주당순이익(10배수 이하)
- BPS(주당 자산가치)= 순자산/총주식수(지속증가)
- PBR(주당 순자산)= 주가/주당자산가치(1배 미만)
- ROE(자기자본 이익률) : 10% 이상
- 부채비율 : 100% 이하
- 유보율 : 높을수록 좋다

엘리어트 파동

엘리어트 파동은 현시장의 위치를 파악할 수 있는 지도와 나침반 같은 역할을 한다.

　엘리어트는 "주가는 상승 5파와 하락 3파에 의해 끝없이 순환한다"고 주장했으며 실제로 엘리어트는 자신의 이론으로 1937–1938년 사이의 월스트리트 폭락을 정확히 예측했다. 게다가 그의 이론을 연구한 해밀튼 볼튼은 1966년 다우지수가 525선까지 하락할 것이라고 예측해 그대로 맞추었다. 이처럼 역사적으로 검증이 된 엘리어트 파동은 실전매매에서 신뢰하고 이용할 수 있다.

그림 1 엘리어트 모형도

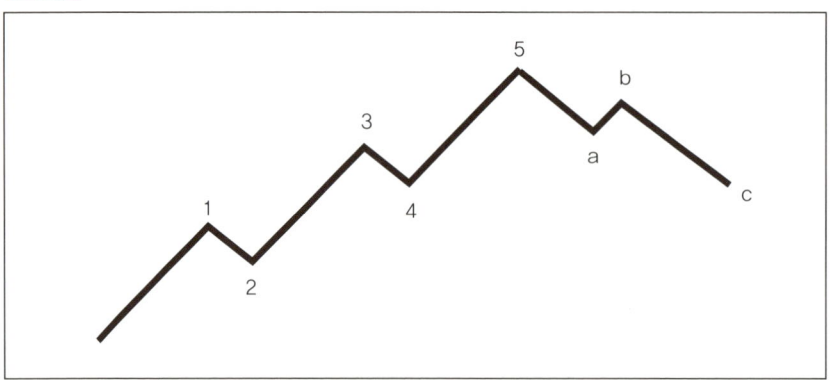

엘리어트 파동 요약

- 삼라만상의 자연의 법칙

- 위치 파악하는 지도와 같다

- 피보나치 수열

- 황금분할(0. 382/ 0. 5 /0. 618)

- 절대 불가침의 법칙

절대불가침의 법칙

- 1번 파동 밑으로 내려가서는 안 된다

- 3번 파동이 제일 짧을 수 없다

- 4번 파동은 1번 파동과 겹칠 수 없다

  예외) 중소형주들은 오버랩핑이 일어나기도 한다.

- 파동의 법칙(모양, 균형, 조화)

- 변화의 법칙(조정파동) : 2파가 61. 8%, 4파는 38. 2% 조정되고, 2파가

  38. 2%, 4파는 61. 8% 조정

파동의 모형

엘리어트 모형도

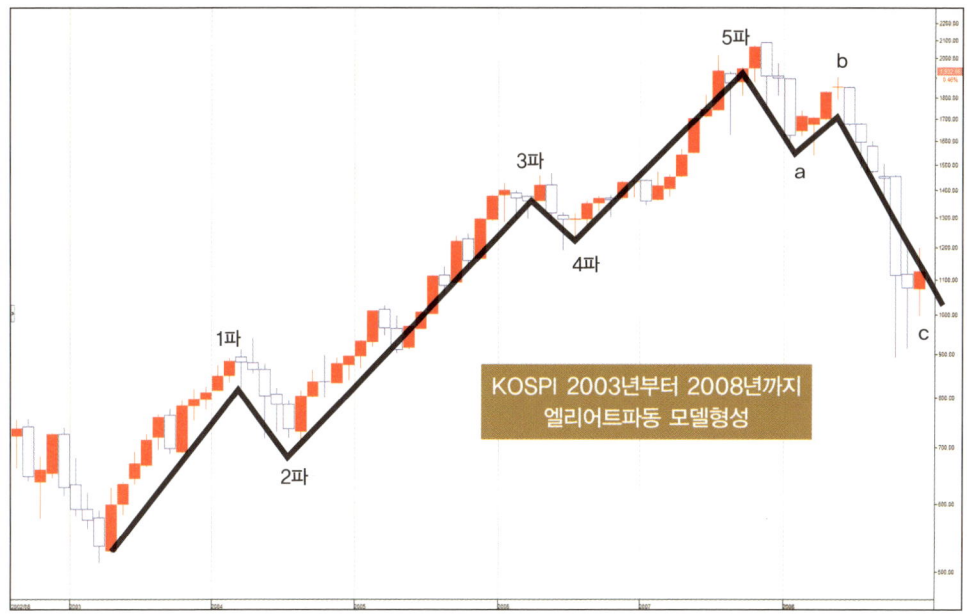

KOSPI 2003년부터 2008년까지
엘리어트파동 모델형성

제1파 특징-상승

- Gap 출현

- 아일랜드 Gap 발생

- W자 출현

- 트라이 앵글 완성

- 십자형 출현

제2파 특징-조정

1. 불규칙   지그재그   호환의 법칙

B   C1   C2   A   C3

0.382   0.618   0.618   0.382

대표적 조정 첫 번째이므로 잘 관찰하면 지그재그, 트라이앵글, 플랫폼 등 여러 형태가 있다. 그 중 가장 강력한 상승력을 보여주는 것은 불규칙 조정에 런닝인 C1일 것이다.

제3파 특징-상승

- 조정을 기다리지 말 것
- 각파 중에서 제일 강렬한 파동
- 1파 small 공약

제4파 특징-조정

- 2파 조정과 동일
- 호환의 법칙 적용
- Over Lapping(부실주, 주도주)

제5파 특징-상승

공략 포인트

- 런닝, 불규칙 C의 실패

- 트라이앵글 완성

- 아일랜드 Gap

A파 특징-하락

- 확장형

- 협띠

- 삼각형

- 이브닝스타

- 5의 실패

- 대음선, 긴 T자, 헤머

B파 특징-반등

반등파 : 낙폭의 38. 2% , 50%, 61. 8%

특징

- 대량거래 수반

- 전문가 및 펀드자금 대대적

- 모든 전문가들 긍정적

C파 특징-하락

- 투매

- 바닥 예측 금물

- 하락5파를 기다릴 것

- 바닥 징후들-아일랜드 Gap, 모닝스타, 트라이앵글 완성, 이중바닥 혹은 삼중바닥

조셉그린빌의 법칙

이번엔 조셉그린빌의 법칙을 이용해 현 시장의 위치 및 종목의 대응법을 알아보자. 200일선은 그린빌의 법칙이라고 할 수 있다. 비행기가 이착륙하듯이 주가도 200일선을 기준으로 이착륙을 하기 때문에 200일선을 활주로라 명명했다.

조셉그린빌의 법칙 정리

- 자연의 법칙: 사계와 같다
- 50%의 법칙: 하락의 50% 이상 반등
- 시간의 법칙: 시장시계의 지표는 되돌리지 못한다

봄이 왔는데 꽃샘추위가 왔다고 해서 도로 겨울로 돌아가지 않는다. 시장시계의 지표는 어떠한 사건 사고가 일어난다 하더라도 되돌리지 못한다. 고로 자연의 법칙이다.

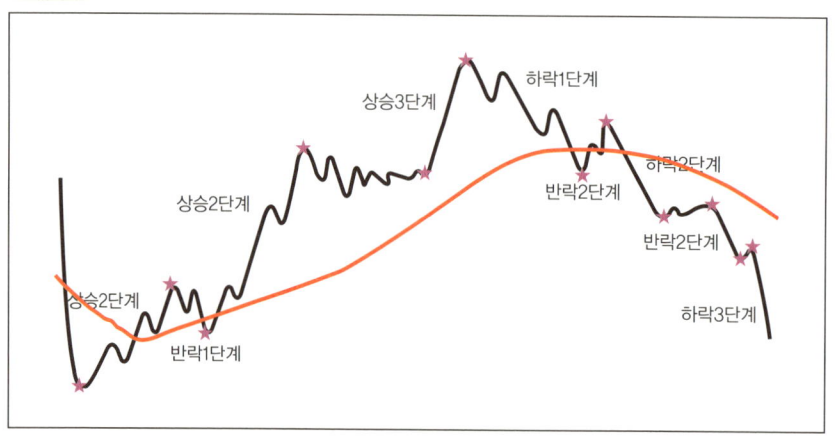

그림 2 조셉그린빌의 대전략서

강세장 초기 국면

- 시간의 지표는 어떠한 사건이 발생한다고 하더라도 시장시계의 지표는 되돌리지 못한다.
- 사건 자체로는 배울 것이 없다.
- 불황은 주가의 하향 말기나 상승 초에 발생한다.
- 상승 3단계 국면이 32개월 지속된다면 약세장의 주기는 16-22개월 지속된다. 시장의 전체 주기는 48-54개월 사이에 끝난다.
    ex) 시장시계가 장기간 상승하여 44개월 지속된다면 하락은 10개월 또는 이하여야 한다.
- 일반인이 인지하기 시작하면 3개월의 반락이 온다(반락1단계).

조셉그린빌의 상승하락 3단계

상승 1단계

- 10년 대바닥
- 거래량 대량 매집된 주식
- 불황기를 맞은 주식
- 상승기간은 3-6개월이다.
- 정부정책으로 상승했던 종목은 제외한다.

상승 2단계

- 최초 상승부터 15개월 전후가 제2단계이다.
- 상승 1국면에서 상승했던 종목이 200일선 위에서 협띠를 형성
- 정배열 상태를 유지하여 시세 분출이 없었던 종목
- 상승 1국면에서 상승폭이 적었던 정책수혜주를 선정한다.

상승 3단계

- 200일선 위에서 수렴하면서 정배열 상태를 유지하고 있는 자산 우량주로 압축매매한다.

  ex) 200일선 밑에 있는 종목은 제외

- 상승 3국면은 때에 따라서는 없을 수도 있기 때문에 매매에 신중을 기해야 한다.

- 상승주기는 30개월 지속되며 하락주기는 16-22개월 지속된다. 전체 주기는 48-54개월 지속된다.

- 최초의 바닥으로부터 24개월 되는 지점이 시작점이다.

하락 1단계

- 급격한 가격 조정이 이루어진다(3개월 동안 50% 하락).

- 상승시세가 끝나고 공매주를 찾는 데 주력해야 한다.

- 공매주 선정후보는 200일선을 하향돌파한 주식이다.

- 공매는 하향시세 1단계 후 반등기에 대개 공매가 이루어진다.

하락 2단계

- 반등기간에 반등 국면이 크게 일어나는 경우가 일반투자자들이 가장 속기 쉬운 구간이다.

- 주식은 급격하게 폭락하며 가격조정이 이루어진다.

- 신저가 종목이 서서히 보이기 시작한다.

- 경제 악화 뉴스가 서서히 나타나기 시작하며 정부는 경기불황이 없을 것이라고 발표한다.

하락 3단계

- 부정적인 뉴스들이 점점 악화되고 시세는 지속해서 하락하며 주식은

신저가를 지속한다.

- 일급 투자자들은 서서히 저점매수를 하며 공매도를 중지하고 200일선의 이격이 큰 종목을 주시하게 된다.
- 시세의 기간표를 관찰하여 48–54개월이 되었는지를 체크한다.
- 모든 저가주들은 이미 폭락을 했으므로 우량주만이 최저가를 도달한 여유를 남겨놓고 있다.

배당

배당이란 기업이 일정기간 동안 영업활동을 해 발생한 이익 중 일부를 주주들에게 나눠 주는 것을 말한다. 주주에게는 투자수익 면에서, 기업들이나 경영자에게는 경영정책적인 면에서 매우 중요하다. 배당에는 현금배당과 주식배당이 있다.

기업의 실적이 좋을수록 배당금이 늘어날 확률이 높아진다. 그리고 지난해 배당을 많이 했더라도 올해 실적이 악화됐다면 배당금이 없거나 낮아진다. 배당금을 지급하면 기업이 벌어들인 이익의 일부가 밖으로 빠져나가기 때문에 자기 자본이 줄어들게 된다.

주식을 보유한 사람 모두 배당금을 받을 수 있는 것은 아니다. 주주명부에 올라야 한다. 배당을 받기 위해서는 정한 날짜에 반드시 주식을 보유하고 있어야 하며 배당기준일 다음날 주식을 팔아도 배당을 받을 수 있다. 단, 배당기준일이 지나면 배당락이 발생해 지급되는 배당금만큼 주가가 희석되어 주가가 낮게 책정되므로 이를 잘 확인해야 한다. 우리나라는 3일 결제

시스템이기 때문에 오늘 주식을 샀다면 모레 주주명부에 오른다. 따라서 12월 결산법인은 연말 폐장일까지 주주명부에 올라야 배당을 받을 수 있다.

그리고 배당은 연속적으로 실시하는지도 꼼꼼히 체크하여야 한다. 작년에는 배당을 실시하다가 회사의 실적이 저조하면 배당을 하지 않을 수도 있다.

그림 3 진양제약

배당 내역 (단위 : 원, 주, %)

결산일자		2008.12		2009.12		2010.12		2011.12		2012.12	
당기순이익(억원)			11		65		32		11		25
1주당 현금배당(원)	보통주	100	20	100	20	100	20	100	20	100	20
	우선주	0.00	0.00	0.00	0.00	0.00	0.00	0.00	0.00	0.00	0.00
1주당 무상배당(원)	보통주	0.00	0.00	0.00	0.00	0.00	0.00	0.00	0.00	0.00	0.00
	우선주	0.00	0.00	0.00	0.00	0.00	0.00	0.00	0.00	0.00	0.00
배당성합(%)		101.91		0.17		36.08		107.93		45.20	

진양제약은 현금배당을 매년 주당 100원씩 실시하고 있다.

그림 4 고려제약

배당 내역 (단위 : 원, 주, %)

결산일자		2008.12		2009.12		2010.12		2011.12		2012.12	
당기순이익(억원)			32		28		33		38		15
1주당 현금배당(원)	보통주	60	12	60	12	70	14	70	14	70	14
	우선주	0.00	0.00	0.00	0.00	0.00	0.00	0.00	0.00	0.00	0.00
1주당 무상배당(원)	보통주	0.00	0.00	0.00	0.00	0.00	0.00	0.00	0.00	0.00	0.00
	우선주	0.00	0.00	0.00	0.00	0.00	0.00	0.00	0.00	0.00	0.00
배당성합(%)		20.73		23.70		23.56		20.33		51.20	

고려제약은 2008년과 2009년 현금배당을 60원 주다가 2010년부터 70원씩 배당을 실시하고 있다.

그림 5-1 와토스코리아

∥ 자본금 변동

상장일	변동사유	변동주식수	변동후주식수	액면가	발행가
2014.01.24	무상증자	650,000	5,200,000	500	500
2013.01.25	무상증자	350,000	4,550,000	500	500
2012.01.27	무상증자	350,000	4,200,000	500	500
2011.01.26	무상증자	350,000	3,850,000	500	0
2005.11.15	신규상장	3,500,000	3,500,000	500	0

　　와토스코리아는 2013년까지 현금배당과 무상증자 두 가지를 다한 종목이다. 대주주가 주주를 우대하기 위해서 주식배당을 해도 되지만 세금을 내지 않게 하기 위해 매년 무상증자를 실시하였다. 주주에 대한 대주주의 세심한 배려가 느껴진다.

그림 5-2 와토스코리아

∥ 배당 내역　　　　　　　　　　　　　　　　　　　　　　　　　　　　　　　　　(단위 : 원, 주, %)

결산일자		2008.12		2009.12		2010.12		2011.12		2012.12	
당기순이익(억원)			51		43		48		82		33
1주당 현금배당(원)	보통주	221	44.2	260	52	200	40	180	0.00	165	33
	우선주	0.00	0.00	0.00	0.00	0.00	0.00	0.00	0.00	0.00	0.00
1주당 무상배당(원)	보통주	0.00	0.00	0.00	0.00	0.00	0.00	0.00	0.00	0.00	0.00
	우선주	0.00	0.00	0.00	0.00	0.00	0.00	0.00	0.00	0.00	0.00
배당성향(%)		15.23		18.49		14.59		8.43		21.24	

　　무상증자와 더불어 현금배당을 실시한 것을 기업분석에서 확인할 수 있다. 매년 물 관련 테마로 실전매매에서 추천하여 무상증자, 배당, 시세차익을 얻은 종목이다.

신용

신용거래란 증권회사로부터 자금을 차입하여 주식을 매수하고 상환일에 주식을 처분하여 차입자금을 상환하는 것을 말한다.

신용거래는 대개 90~150일 이내로서 증권회사별로 다소 차이가 있다. 증권회사별로 투자자 개인의 신용거래한도는 다르다.

신용기간이 종료되면 이를 상환해야 한다. 만약 신용기간이 경과하였는데도 불구하고 상환하지 않을 경우에는 그 다음날 증권회사가 그 주식을 팔아서 융자금을 회수한다. 이를 반대매매라 한다.

개인투자자들 중에 더 많은 주식을 사고 싶은 욕심에 신용을 쓰는 경우가 있는데 단기간에 돈을 크게 잃어버리는 사람들을 보면 대부분이 미수와 신용을 사용하는 사람들이 많다.

신용거래의 상환일을 생각하여 그 기간 안에만 상승하면 몇 배의 수익이 날거라는 욕심으로 주식을 더 많이 매수하고자 신용을 사용하는 것이 일반 개인투자자들의 심리이다. 그러나 반대로 생각해 보면 그 종목을 관리하는 큰 세력의 입장에서는 신용물량까지 다 수익을 주지는 않는다. 기업이 저평가되고 세력의 매집이 확인이 된 종목일지라도 신용이 많이 걸리면 세력은 흔드는 과정을 통해 신용의 물량을 떨어낸 후에 다시 상승을 시키는 경우가 허다하다. 그러므로 주식은 여유자금으로 투자하는 것이 편안하게 수익을 내는 지름길인 것이다.

재료

재료는 주가를 상승시켜서 주식을 매도할 때 일반투자자들에게 물량을 떠넘기기 위해서 미리 준비해 놓고 바닥에서 대량의 물량을 매집한 후 주가상승을 틈타 매집한 주식을 일반투자자에게 넘겨주는 과정에서 재료를 노출시킨다.

재료를 미리 아는 회사관계자나 정보를 접한 제3자에 의해서 물량 매집이 이루어지기 시작한다. 큰손들은 주가가 상승하기 전에 물량 매집을 많이 해야 하기 때문에 바닥에서는 주로 재료가 나오지 않으나 큰손들이 주가를 띄워나가는 과정에서 재료를 노출하기 시작한다. 통상 바닥 국면에서는 급등이 나오기보다는 횡보조정을 오래 시키면서 바닥에서 물량 모으는 작업을 진행한다. 그러므로 주가 위치가 바닥이면서 거래가 적을 때 관심을 갖고 매수하여야 하며 정보에 현혹되지 말아야 한다.

일반투자자들이 쉽게 범하는 오류 중의 하나는 재료 혹은 정보가 나만 아는 고급정보인 것으로 환상을 갖고 매수한다. 처음에는 매수한 시점에서 오르는 것을 보고 더 사면 큰돈을 벌 수 있겠다는 부푼 꿈에 남은 돈, 또는 빌린 돈(신용, 미수, 대출론)까지 무리하게 매수하면서 불행이 시작되는 것이다. 내가 들은 정보 또는 재료는 누군가가 팔기 위해 흘린 정보를 꼭지 부근에서 듣고 그 물량을 고스란히 받아주는 격인 것이다.

세상에 공짜 정보는 없다. 인터넷 및 신문, 뉴스에 떠도는 재료, 정보들을 거를 수 있는 능력이 되어야만 재료로써의 가치도 알 수 있는 것이다.

재료나 정보를 접했을 때는 이미 주가가 많이 상승한 경우가 대부분이며 주가 위치가 상승하지 않는데도 불구하고 재료가 나오면 큰돈을 가진 세력들과 같이 매집할 수 있는 좋은 기회인 것이다.

꿈

주식은 미래의 성장가치 즉 꿈이다. 미래가 어떻게 변할지를 알면 주식으로 큰 부를 이룰 수 있다. 미래에 각광받을 산업은 주식시장에서 큰 시세를 내어 자금을 만든 후 그 산업에 투자를 하여 발전시키기 때문이다.

미래 학자들은 3D프린팅 시대가 도래하면서 기존의 대기업 위주의 제조업이 1인 시대의 기업으로 바뀔 것이라 예측하고 있다. 뿐만 아니라 생각만으로 물체를 움직이는 인체 뇌공학 분야에서도 많은 변화가 예상되고 나노기술, 웨어러블, 컴퓨터, 모든 사물에 칩 센서가 부착되어 인간과 소통되는 사물 인터넷은 인류 문명 출현 후 제4의 문명으로 진행되고 있다. 컴퓨터와 원거리무선통신, 생명공학, 인공지능, 나노기술 등이 빠르게 발전하고 있어 앞으로 어떤 세상이 올지에 대한 고찰이 필요하다.

주식에 입문해서 그동안 경험했던 것들이 많았지만 그 중에서 큰 시세를 냈던 SK텔레콤, 새롬기술, 산성앨엔에스의 예를 보겠다.

1990년대에 꿈을 가진 종목으로 SK텔레콤이 있었다. 그 당시에 주가가 상승하기 전에 회사 관계자의 인터뷰를 본 적이 있는데 그 관계자는 10년 후에는 초등학생들도 핸드폰을 들고 다니는 시대가 올 것이라고 하였다. 실제로 핸드폰은 일상생활의 필수품으로 자리매김하였고 SK텔레콤의 주가는 1990년에 3만원에서 540만원까지 100배 이상 급등하는 종목이 되었다. 이와 같이 주식은 미래의 꿈이며 성장가치이다.

저가 대비 306배 급등한 SK텔레콤의 월봉차트

차트 3   산성앨엔에스

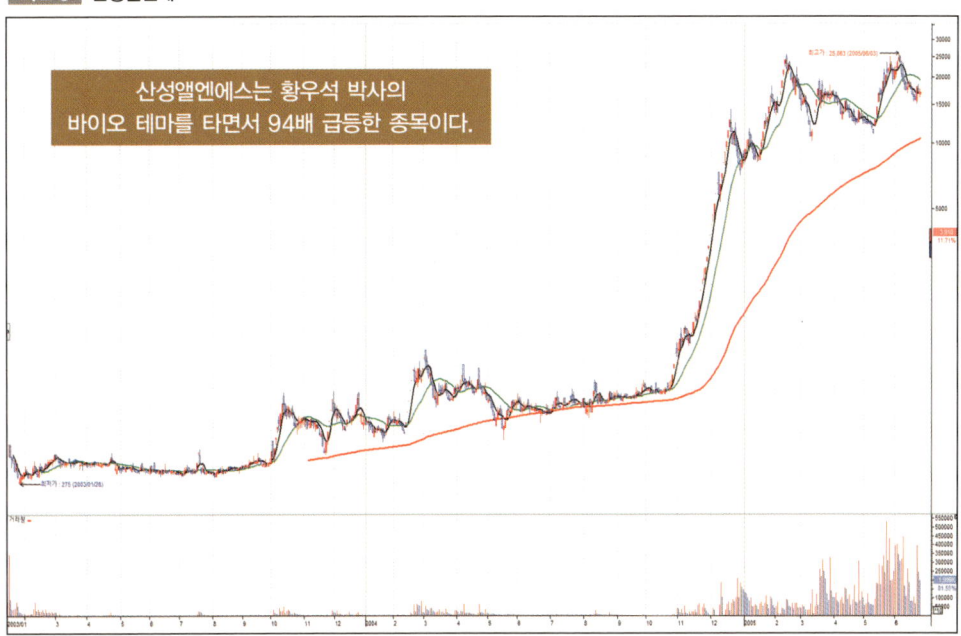

산성앨엔에스는 황우석 박사의
바이오 테마를 타면서 94배 급등한 종목이다.

2000년도에 IT붐을 이끌며 다이얼패드로 180배 정도 상승한 당시 새롬기술(솔본)은 무료전화가 가능하다는 모멘텀으로 크게 급등하였다. 이처럼 꿈을 가진 종목은 상상을 초월하는 큰 시세를 낸다.

이외에도 2005년도에 삼성엘엔에스(삼성피앤씨)가 줄기세포 관련주로 부각되며 40배 급등하면서 바이오주의 주가 혁명을 불러왔다.

이처럼 다가올 미래가 어떻게 변할지 지속적으로 공부하여 그와 관련된 종목에 투자한다면 큰 수익을 얻을 수 있다.

향후 세상을 바꿀 신기술 중 하나인 3D프린팅은 1인 제조업을 탄생시킬 것이며 이외에도 클라우드, 무인자동차, 나노바이오, 첨단로봇, 뇌공학, 양자컴퓨터, 사물인터넷, 웨어블컴퓨터, 생체이식, 사물 인터넷 등 꿈을 가진 종목들이 세상을 지배할 것으로 예측된다.

KEY POINT

신가치투자 매수

매수하라 매집된 저평가 종목을!

매수하라 엘리어트 파동 2파에서!

매수하라 200일선 협띠에서!

매수하라 거래의 씨가 마를 때!

매수하라 낚시 바늘을 만들 때!

매수하라 비관론이 극에 달할 때!

매수하라 급등하기 전에!

매수하라 신가치 종목을!

신가치투자 매도

매도하라 이평선 간격이 정배열을 이룰 때!

매도하라 좋은 재료가 나오고 상승하지 못할 때!

매도하라 창사 이래 최대 실적공시가 나올 때!

매도하라 연속상한가를 가다가 못갈 때!

매도하라 모든 사람들이 흥분하여 매수할 때!

매도하라 상승하던 주식이 대음봉을 맞으며 거래가 터질 때!

매도하라 최고로 낙관적일 때!

매도하라 신가치에 따른 적정가치에 도달하면!

급락은 하늘이 내린 절호의 매수 기회이다

신가치투자 종목 발굴하기

1
기술적 분석
매집을 알면 돈이 보인다

통상적으로 매집은 내부정보를 미리 알고 있는 대주주나 관련 세력에 의해서 이루어진다. 이들은 가치분석에 의한 저평가 국면의 종목 가운데 시장 트랜드에 맞는 종목군들을 매집하기 시작한다.

매집은 세력(거래량)＋가치(저평가)＋차트(정배열)＋정보(대주주, 내부자) 등을 규합하여 분석한다. 주식에서 매집은 주도세력이 기업의 내재가치나 호재성 재료를 미리 알고 차트를 만들어가는 과정이다.

요약하면, 세력이 일정기간 매집을 한 후에 시세분출 과정인 머리를 확인하고 오른쪽 어깨인 8부 능선에서 분할 매도함으로써 한 사이클이 끝난다. 통상적으로 매집은 내부정보를 미리 알고 있는 대주주나 관련 세력에 의해서 이루어진다. 이들은 가치분석에 의한 저평가 국면의 종목 가운데 시장 트랜드에 맞는 종목군들을 매집하기 시작한다.

이때 세력이 원하는 건 무엇일까? 간단하다. 세력은 정해진 투자자금으로 많은 물량을 저가에 매수하길 바란다. 그러므로 주가가 상승하는 것을 싫어한다. 주가가 상승하면 비싸게 매수해야 하므로 주가가 상승하면 하락시켜 재매수하는 과정을 반복한다. 이렇게 해서 개인투자자들의 접근을 어렵게 하며 물량을 모아나간다.

보통 개인투자자는 주가의 변동과 차트에 민감하게 반응한다. 하지만 세력은 다르다.

세력은 추세를 따르면서 일반투자자의 입맛에 맞게 맞춰주기도 하고 속이기도 하면서 차트를 만들어나간다. 세력은 매물을 줄이는 과정을 반복하면서 계속해서 매집한다. 주가가 상승하여 일반 투자자들이 추격매수하면 일부를 팔아서 주가를 하락시키고, 또 어느 정도 하락하면 재매수하면서 하락을 멈추게 만든다.

이렇게 해서 우상향하면서 박스권 장세가 연출된다.

정리해서 말하면 다음과 같다. 중요하므로 잘 기억해 두기 바란다.

'주가가 상승하면 일반은 매수하고, 세력은 일부 매도하고 주가가 하락하면 일반은 고점에서 매도하고, 세력은 저점에서 매수한다.

세력은 고점매도, 저점매수를 마음대로 할 수 있다.'

궁극적으로 세력은 많이 매집한 주식 물량을 가장 비싸게 매도하여 시세차익을 거두는 것이 목적이다. 그러므로 매집이 끝난 후 주가가 모멘텀을 타고 상승을 하면 기다렸다는 듯이 일반투자자에게 물량을 떠넘긴다.

그러면 개인투자가들은 어떻게 해야 할까? 개인투자자들은 떠넘기는 물량을 확신을 갖고 적극적인 매수에 가담한다. 반면에! 주도세력은 최고의 가격에 대량의 매물을 처분한다.

이제 매집의 전형적인 패턴을 보자. 매집은 바닥국면에서 바람구멍(상한가 2~5개가 좋다)을 내며 1차 상승을 한다. 그러므로 일단 강한 상승을 하는 종목을 발견하면 기업의 정보를 검색하여 1차 상승이 왜 이루어졌는지를 파악해야 한다. 이때 추가 상승할 수 있는 신기술, 신약 개발, 그 외 호재성 재료가 있으면 이미 세력이 진입되었다고 봐야 한다.

따라서 눌림목 조정 시 많은 물량을 한 번에 매수하면 세력에 노출되기 때문에 거래바닥에서 분할로 저가 매수해 나가는 매매 전략이 좋다.

상한가 2~5번 나온 종목을 눈여겨보라

상한가 1차 매집국면에서는 보통 상한가 2~5개가 좋고 너무 많은 바람구멍이 난 종목은 피해야 한다. 바람구멍이 난 후 개인투자자를 털어내는 횡보국면에서 세력과 함께 매집해야 안전하다.

점상한가는 일반용어로 '갭 상승'이라 한다. 필자는 이를 독자적으로 '바람구멍'이라고 부른다. 바람구멍은 곧 갭 상승을 의미하고 갭 즉 바람구멍은 세력의 힘, 에너지이며 세력진입을 단적으로 보여주는 것이다.

캔들로 말하자면 점상한가란 시가, 고가, 저가, 종가가 모두 같은 가격으로 하루를 상한가로 시작해 상한가로 마감할 때 점상한가라 한다. 세력의 힘이 매우 강할 때만 나오는 현상이다.

매집국면의 상한가는 2~5개가 적당

과거 급등을 시현했던 종목을 보자. 상한가가 연속으로 나온다는 것은 세력의 강력한 개입을 의미한다. 상한가 1차 매집국면에서는 보통 상한가 2~5개가 좋고 너무 많은 바람구멍이 난 종목은 피해야 한다. 바람구멍이 난 후 개인투자자를 털어내는 횡보국면에서 세력과 함께 매집해야 안전하다.

바람구멍이 난 종목은 특별관리

이처럼 세력의 1차 매수국면에서 바람구멍으로 매집이 완료된 종목은 조만간 급등시세가 예고된다.

따라서 바람구멍이 난 종목은 특별 관리해야 하며, 1차로 보초병을 보내 (적은 수량 매수) 시세를 매일 관찰하며 전고점이 돌파되는 시점에 대량 거래가 수반된다면 2차 매수로 대응해야 한다.

요약하자면, 200일선이 우상향하는 상승추세에서 바람구멍으로 상한가 2~5번 나온 종목이 가격조정을 받아 200일선 근처에서 휴식을 취하고 있는 종목은 향후 큰 시세가 예상된다. 주가가 다시 이륙하는 활주로에서 매수하면 급등시세를 맛볼 수 있다. 단 저가종목이나 재무구조가 불량하고 테마를 형성한 종목은 반드시 비중을 조절하거나 매수 대상에서 제외한다.

나는 주식 시장에서 처음에는 '쩜상10방'이라는 필명을 사용했었다. 실전매매에서 쩜상한가를 매우 중요하게 생각하며 큰 수익률을 얻은 것도 쩜상한가에서였다. 앞에서 얘기했지만 재기를 하게 한 종목이 중앙백신과 산성피엔씨이다. 이 종목을 실전매매하면서 쩜상한가의 중요성을 깨달았다.

이후 쩜상한가가 나온 종목의 발굴로 많은 수익을 얻을 수 있었으며 그 어렵다는 쩜상한가를 9번까지 내 보기도 하였다. 그래서 나는 쩜상한가 연속 10번을 기록하여 수익 내는 게 소원이자 목표라서 '쩜상10방'으로 지은 것이다.

이렇게 쩜상한가에 관한 많은 실전 매매 경험을 토대로 자신있게 말할 수 있다. 1차 상승에서 쩜상한가가 2~5번 나온 종목을 연구하여야 하며, 1차 상승에서 5번 이상 상한가가 나온 종목은 시세 분출이 크므로 2차 추가 상승이 제한적일 경우가 많다.

주식에 막 입문한 분들도 많으니 쩜상한가를 좀 쉽게 복습하고 넘어가자.

쩜상한가는 일반 용어로 갭 상승이라 한다. 나는 독자적으로 '바람구멍' 이라고 말한다. 이것은 이미 강한 힘이 들어왔다고 보면 되고 캔들로 말하면 시가, 고가, 저가, 종가가 모두 같은 것이다. 즉 이것은 세력이 물량을 잘 컨트롤 하고 매집이 잘된 경우이다. 또한 세력 입장에서는 돈을 안들이고 주가를 관리하는 국면이다. 거래를 시키지 않기 때문에 적은 돈으로도 올릴 수 있다.

이러한 점을 잘 숙지하고 나서 매수해야 한다. 참고로 나는 1차 세력의 개입을 확인한 후 지루하게 횡보하여 대부분의 개인투자자들이 떨어져 나가는 씨 말리는 횡보 조정 눌림목 구간에서 매수한다. 산성피엔씨(현 산성앨엔에스) 등이 그런 종목에 해당한다.

산성앨엔에스는 바람구멍을 내고 일반투자자들을 완벽하게 털어내는 기간조정을 거쳐 거래량을 말린 후 상승한 전형적인 급등주의 예이다.

중앙백신은 실전매매를 했던 종목으로 바람구멍과 매집과정을 잘 보여주는 예이다.

몇 번의 상한가로 바람구멍을 내고 200일선을 기준으로 거래 감소시키는 조정을 한 후에 급등한 종목이다.

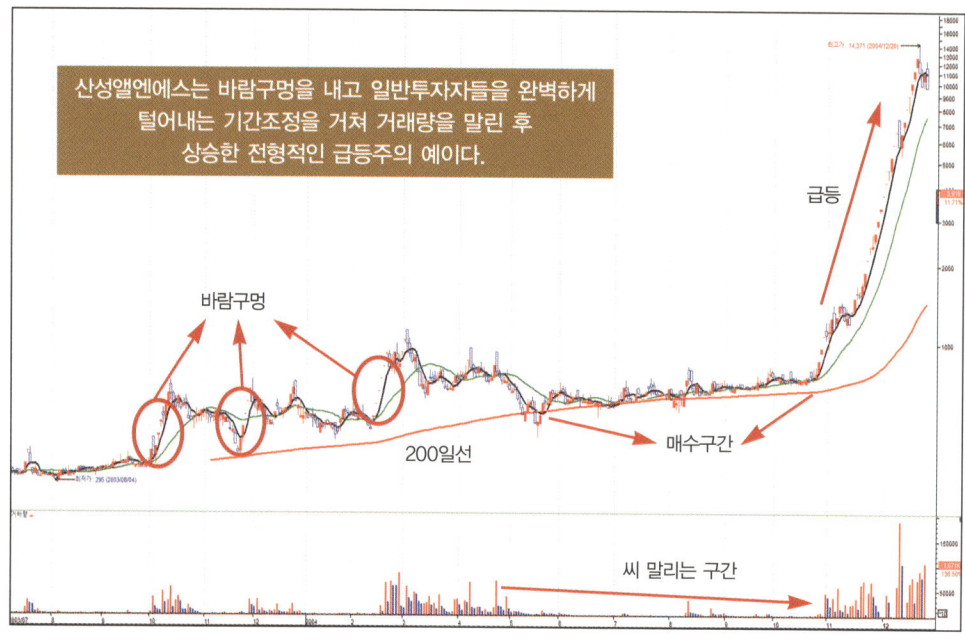

산성앨엔에스는 바람구멍을 내고 일반투자자들을 완벽하게
털어내는 기간조정을 거쳐 거래량을 말린 후
상승한 전형적인 급등주의 예이다.

급등

바람구멍

200일선

매수구간

씨 말리는 구간

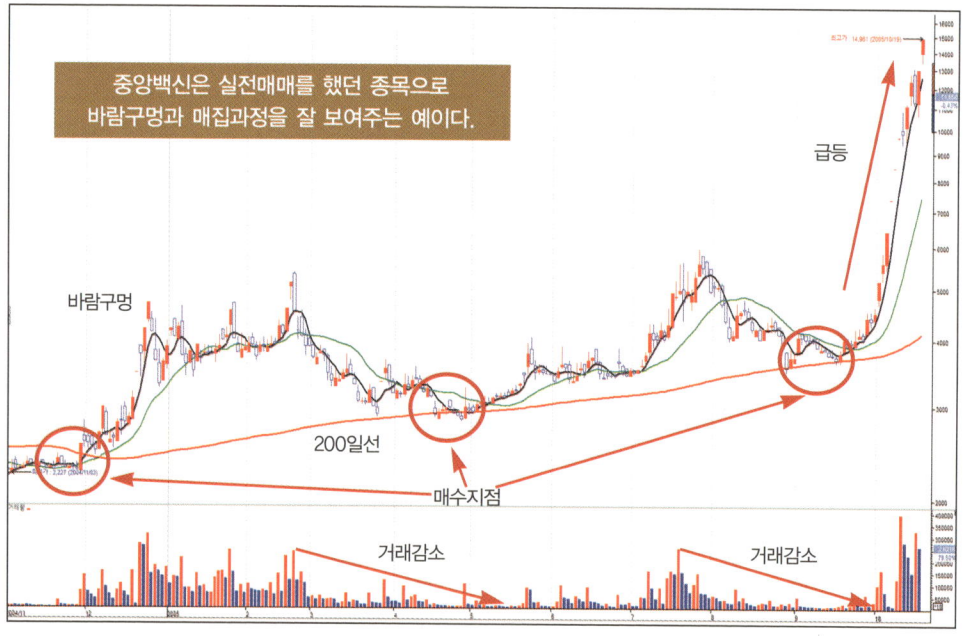

중앙백신은 실전매매를 했던 종목으로
바람구멍과 매집과정을 잘 보여주는 예이다.

급등

바람구멍

200일선

매수지점

거래감소

거래감소

3 200일선은 주가비행의 활주로

주가가 급등하기 위해서는 200일선의 방향이 우상향이고 상승 각도가 중요하다. 급등하는 종목의 공통점은 바로 200일선이 우상향하고 있기 때문이다.

200일선은 10개월간의 이동평균선으로 중기흐름을 파악하는 데 유용한 이평선이다.

주가가 급등하기 위해서는 200일선의 방향이 우상향이고 상승 각도가 중요하다. 급등하는 종목의 공통점은 바로 200일선이 우상향하고 있기 때문이다.

200일선을 중심으로 5일, 20일, 60일, 120일선 등이 한 점으로 결집을 하며 모이는 지점을 나는 블랙홀이라 지칭한다.

이동평균선이 결집된 후 거래량이 분출되는 지점이 상승의 초기 국면으로 이후 대시세가 나오는 경우가 많다.

상승 초기에 매수했다면 이동평균선이 일정한 간격으로 이격이 벌어질 때까지 지속 보유해야 한다. 여기서 중요한 점은 주가가 급등해 이동평균선이 정배열 상태를 유지하며 일정한 간격으로 벌어지면서 거래량이 분출될 때 매도 타이밍이 도래한다는 사실이다.

정배열 : 주가〉단기이평선〉중기이평선〉장기이평선
역배열 : 장기이평선〉중기이평선〉단기이평선〉주가

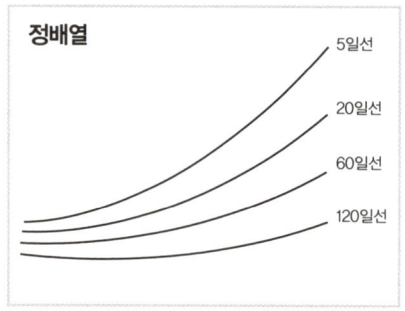

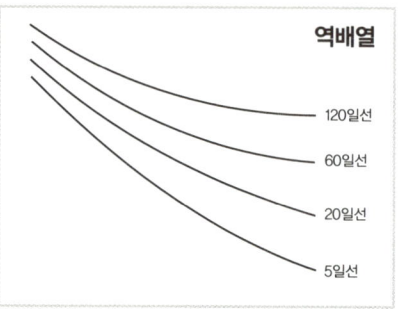

역배열 상태에 있고 200일선 아래에 있는 종목은 매매대상에서 제외

나는 200일선을 주가가 이착륙하는 활주로라고 명명했다.

활주로는 비행기가 대기하고 있다가 출발하는 곳인 동시에 비행을 멈추고 돌아오는 곳이기도 하다. 주가도 마찬가지이다.

실적이 저조하거나 과거 대시세를 낸 종목들은 활주로 위로 쉽게 올라가지 못하고 대개 200일선 아래에서 지속적으로 하락한다. 반면에 저평가되어 있고 우량한 종목들은 고점을 찍고 하락하더라도 활주로에서 지지하며 다시 상승세를 이어간다.

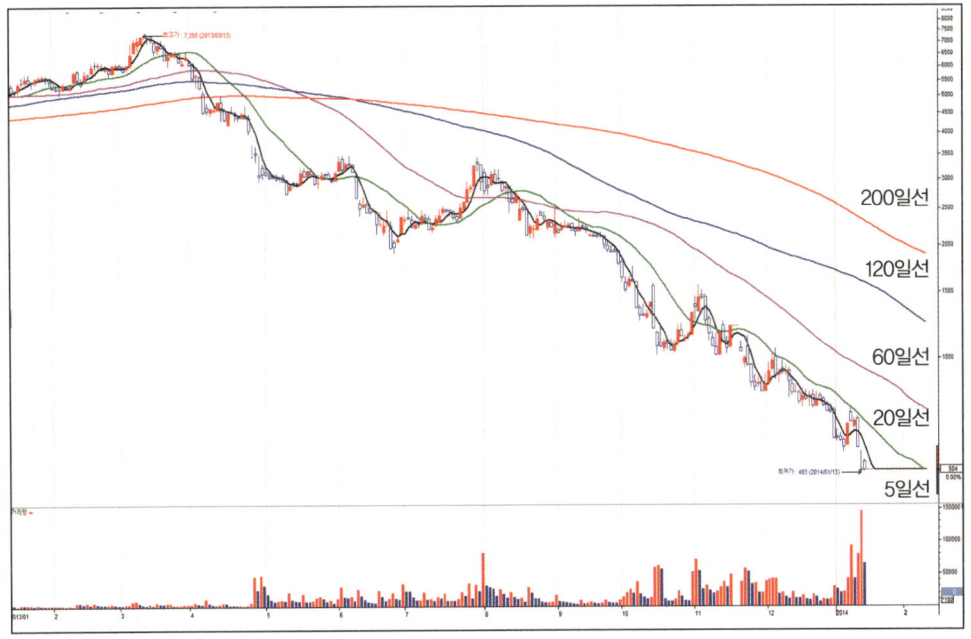

차트 6 나노트로닉스

따라서 역배열 상태에 있고 200일선 아래에 있는 종목들은 기본적으로 매매 대상에서 제외해야 한다. 이것만으로도 실적이 저조하고 부실한 많은 종목들이 1차로 걸러지는 효과가 있다.

200일선 아래에 있는 종목이 200일선을 돌파하며 상승추세로 전환되기 위해서는 기업내부에 큰 변화가 있어야만 가능하다. 그렇지 않을 경우 주가는 200일선까지 반등은 나오지만 재차 하락추세를 지속한다.

〈차트 6〉 나노트로닉스는 회사내부에 문제가 생기면서 급락하여 이평선이 역배열로 되어 있다.

이처럼 역배열은 종목 선정 시에 조심해야 하며 상승이 이루어지는 종목은 정배열 초기 국면임을 잊지 말아야 한다.

200일선 위에서 이륙중인 종목

주가가 200일선 위에 있으며 엘리어트 파동상 상승 1파가 나오고 조정 2파
인 지점에서 편안하게 매수할 수 있는 종목들이다. 상승 확률이 높아서 상
승 초기에 매매 시점만 잘 잡으면 큰 수익을 거둘 수 있다. 〈차트7〉 리홈쿠
첸의 경우 이평선이 한 지점에 모이는 블랙홀이 만들어진 후에 대량의 거래
량이 진입되며 지속적으로 상승하고 있다.

 〈차트 7〉 리홈쿠첸은 1500원대 추천한 종목으로 이평결집의 전형적인
모습을 보여준 후 중국 모멘텀을 타고 6배 정도 시세가 이루어지고 있는 모
습으로 정배열 상태를 유지하고 있다.

 **차트 7** 리홈쿠첸

4 이동평균선 매집

 정배열로 주가가 이동평균선 위에 존재해야 한다. 둘째, 이동평균선이 우상향으로 상승중이어야 한다. 이 2가지 조건을 만족시키는 종목만을 대상으로 이평선 매집 패턴을 연구해야 한다.

200일선 매매기법은 가장 안전하면서도 큰 수익을 주지만, 주가가 200일선에 이륙하지 않고 지속적으로 상승할 시에는 매수에 가담할 수 없다는 단점이 있다. 이를 보완하기 위해 여러 가지 이평선을 중심으로 매집 패턴을 보이는 종목을 연구해 보다 세밀한 투자가 되도록 해야 한다. 이동평균선에 의한 매집에서 중요한 조건은 2가지이다.

첫째, 정배열로 주가가 이동평균선 위에 존재해야 한다. 둘째, 이동평균선이 우상향으로 상승중이어야 한다. 이 2가지 조건을 만족시키는 종목만을 대상으로 이평선 매집 패턴을 연구해야 한다.

이평선 매집을 통해 상승하는 종목은 해당 이평선 근처에서 협띠를 형성하며 횡보기간을 거친다. 협띠란 주가가 상승과 하락을 제한적으로 반복하며 이평선을 깨지 않고 옆으로 횡보하는 것을 말한다.

20일 이동평균선의 매집 패턴

20일 이평선은 1개월간의 중기 이동평균선으로 흔히 추세선, 세력선이라 부른다.

〈차트 8〉 삼천당제약은 제약 바이오 관련주로써 20일선에서 지지를 하면서 꾸준히 상승하고 있는 모습이다.

차트 8 삼천당제약

60일선 이동평균선의 매집 패턴

60일 이동평균선은 3개월간의 중기 이동평균선으로 중기적 추세선, 수급선이라 부른다. 우량한 많은 종목들이 60일선을 기준으로 상승하는 패턴을 많이 보인다.

〈차트 9〉 ITX시큐리티는 1500원대와 2000원대 60일선에서 두 번의 매수기회를 주고 상승하고 있는 종목의 예이다.

 ITX시큐리티

120일 이동평균선의 매집 패턴

120일 이동평균선은 6개월간의 중·장기 이동평균선으로 중·장기적 추세선, 경기선이라 부른다.

〈차트 10〉 삼아제약은 6000원대에 강력 매수사인을 냈던 실전매매 종목이다. 제약바이오 관련주로 저평가되어 있으며 120일선에서 매수기회를 여러 차례 주었다.

 삼아제약

일봉, 주봉, 월봉 매집

매집은 큰돈을 가진 누군가가 회사의 내부정보를 미리 알고 주가가 상승하기 전에 물량을 확보해 나가는 과정을 말한다. 주가는 매집이 되어야만 반드시 상승할 수 있으며 그 형태로는 일봉상 매집과 주봉상 매집, 월봉상 매집으로 나눌 수 있다. 또한 우리나라는 주식역사가 짧기 때문에 연봉으로는 그 효용성이 떨어진다.

매집은 대개 캔들, 거래량, 이평선 중에서 주로 거래량으로 쉽게 확인할 수 있다.

매집이 된 종목을 발굴하였다면 그 다음은 매수 지점을 찾는 것이 중요하다. 세력은 1차 매집을 하고 개인투자자들을 떨어내기 위해 기간조정과 가격조정을 하며 거래량을 감소하는 일명 씨 말리는 구간을 가져간다. 일반투자자들을 떨궈내는 지점에서 매수하는 것이 핵심 포인트이다.

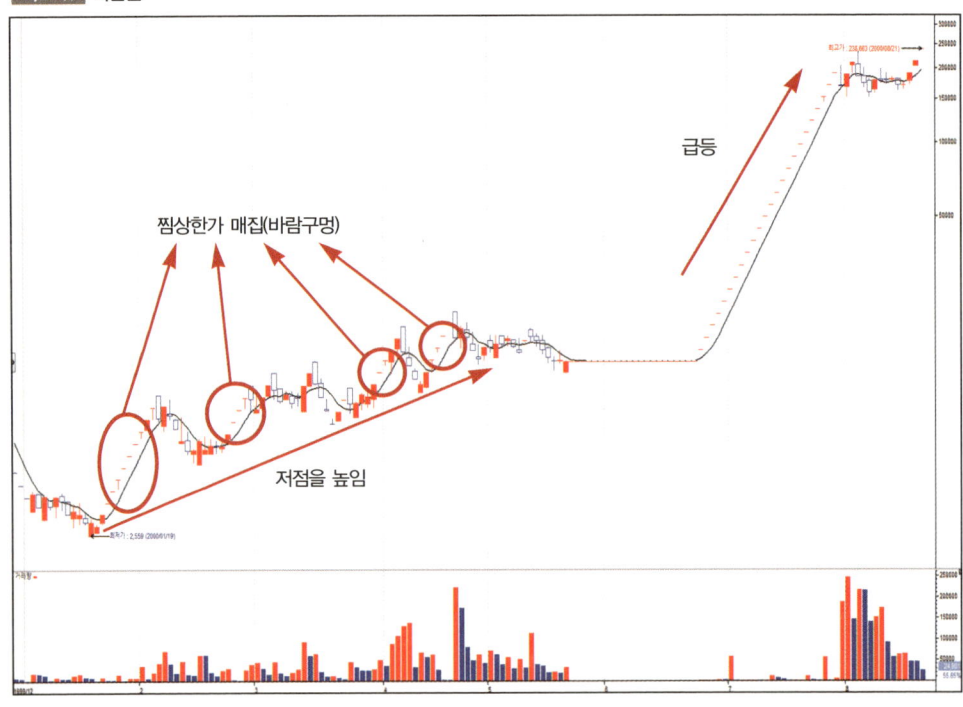

찜상한가로 여러 차례 매집을 하고 저점을 높이는 매집 후 급등한 예이다.

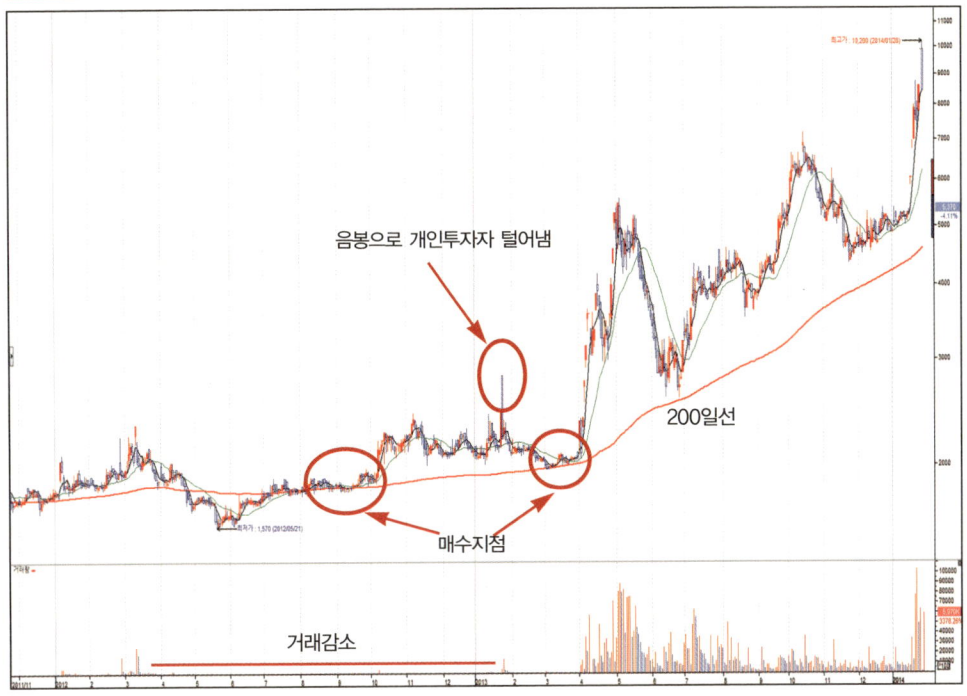

차트 12 아-글벳

음봉으로 개인투자자 털어냄

200일선

매수지점

거래감소

상한가가 한두 번 나온 후 다음날 음봉으로 개인투자자들을 털어내는 과정
을 거쳐 200일선을 기준점으로 매집을 하고 급등시킨 예이다.

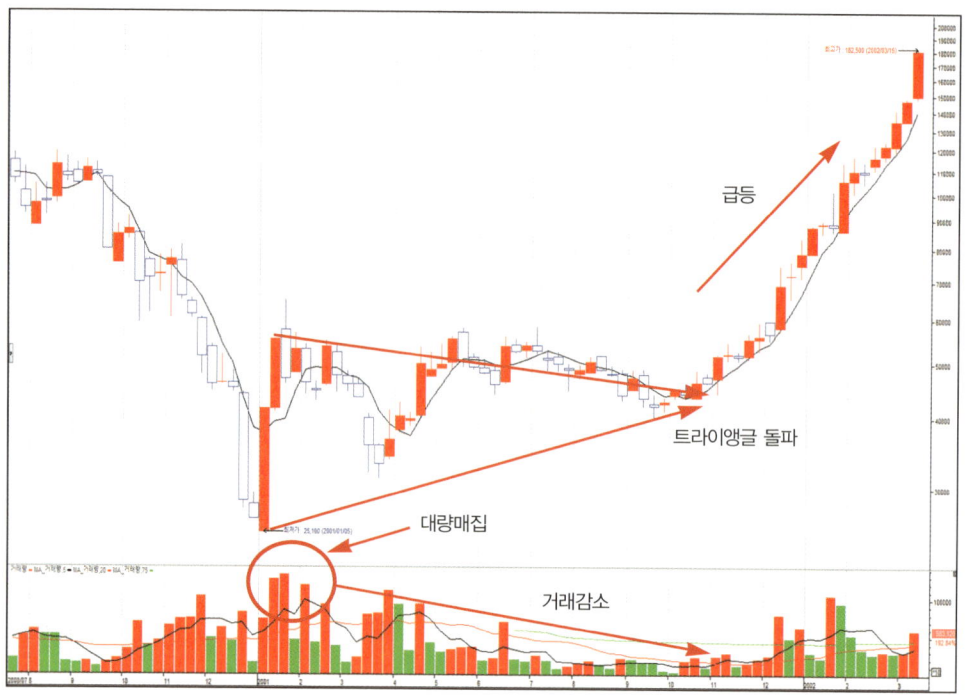

주봉상 대량매집을 한 후 트라이앵글을 돌파하면서 대시세가 난 GS홈쇼핑

의 주봉차트이다.

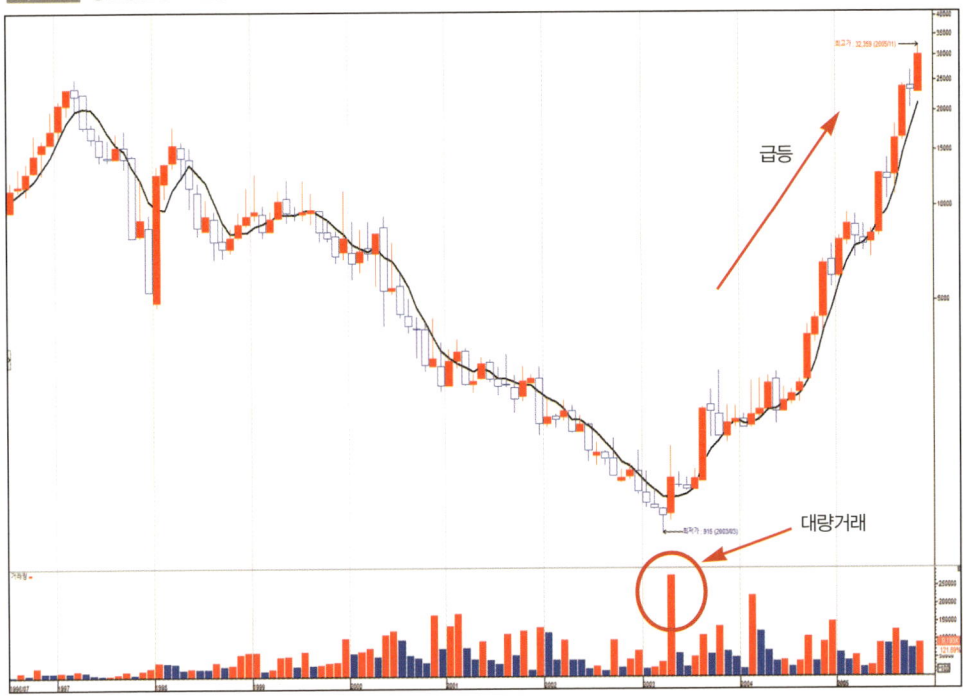

차트 14 종근당홀딩스 월봉

2002년까지 미비한 거래량이다가 2003년 대량의 거래를 수반하며 급등하
였다. 월봉 매집의 전형적인 예이다.

차트 15 코스닥 월봉

코스닥의 월봉차트이다. 대량의 거래가 수반되었고 현재는 엘리어트파동

2파 조정중으로 강력한 3파 시세가 대기중인 상태이다.

05 기본적 분석에서 꼭 알아야 할 기본지표

 기본지표 중 EPS, BPS, ROE, ROA 등은 높을수록 좋고, PER, PBR 등은 낮을수록 좋다.

EPS(주당순이익)

EPS(Earning Per Share, 주당순이익)란 순이익(당기순이익)을 총 발행주식수로 나눈 수치를 말한다. 투자를 판단하는 매우 중요한 지표이며 아래와 같이 간단히 구할 수 있다.

EPS = 순이익/총주식수

EPS = 1억원(순이익)/1만주(발행주식수)=10,000원

EPS는 기업의 수익성을 판단하는 가장 중요한 지표 중 하나이다. 1년 동안 기업이 경제활동으로 벌어들인 수익이 1주당 얼마인가를 나타낸다. 단

순하면서도 중요한 실적 관련 지표라 할 수 있다. 예를 들어 한 기업이 1년 동안 1억원의 순이익을 거두었고, 총 주식수가 1만주라면 EPS는 얼마일까? 1만원이 나온다. 이는 다시 말해 1주의 주식으로 1년에 1만원을 벌었다는 의미이다. 그래서 EPS를 주당순이익이라 한다.

EPS가 높아지는 기업이라면 금상첨화

EPS가 높아진다는 것은 어떤 의미일까? 발행주식수에 변화가 없다고 가정하면, 분자인 순이익이 많아진다는 뜻이다. 그래서 EPS가 커진다는 것은 그만큼 성장성이 좋은 회사이며 투자가치가 높다고 할 수 있다. EPS가 높다는 것은 그만큼 경영실적이 양호하고 배당 여력도 많으므로 주가에도 긍

차트 16 삼성전자 월봉(2009년~2013년)

지속 상승

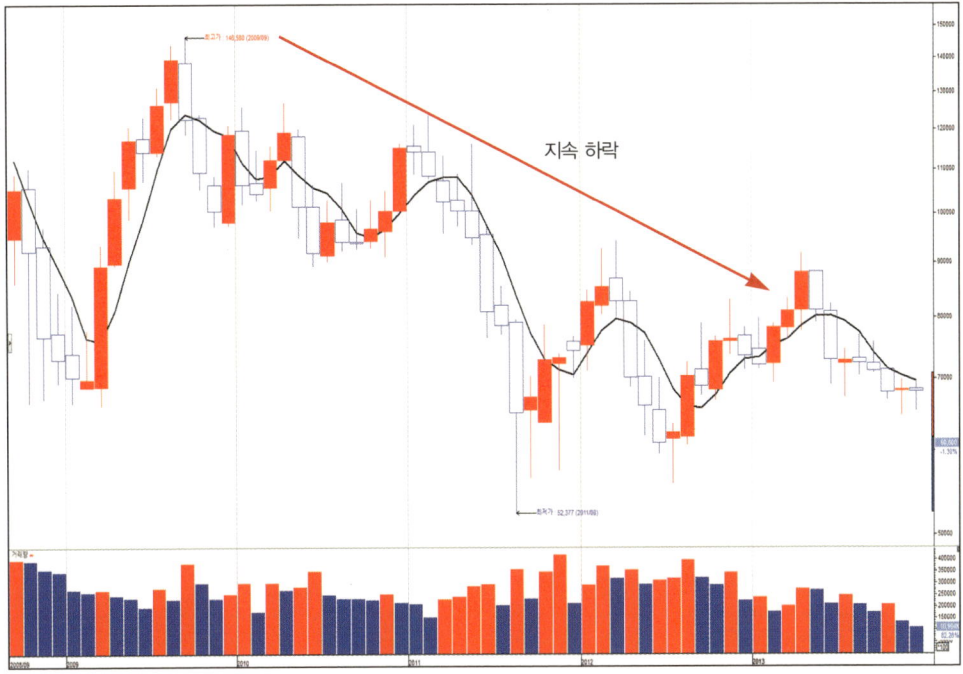

차트 17 LG전자 월봉(2009년~2013년)

지속 하락

정적인 영향을 미칠 가능성이 높다. 이처럼 EPS로 기업의 미래 가치를 판단할 수 있다. 아울러 현재의 EPS가 높다는 것은 기업이 현재 장사를 잘하고 있다는 의미로 받아들일 수 있다.

〈차트 16, 17〉과 같은 시기의 삼성전자와 LG전자 EPS 변화를 보자. 주가와 EPS와의 상관관계를 알 수 있다.

	2010년	2011년	2012년	2013년
삼성전자	92,862원	78,522원	154,020원	200,437원
LG전자	7,409원	-2,833원	366원	2097원

EPS를 활용한 투자법

'EPS가 높아질수록 기업가치도 상승한다', 'EPS가 높으면 실적도 좋다'는 말은 그 기준이 모호하기 때문에 막연하게 들릴 수 있다.

따라서 흔히 사용하는 방법은 EPS 증가율을 동종 업종 내에서 다른 종목과 비교하는 것이다. 업종의 상승을 확신하고 있고 그 중 한 종목을 사고 싶다면 EPS 증가율이 상대적으로 높은 종목을 선택한다면 좋은 수익을 기대할 수 있을 것이다. 주가가 EPS 증가율을 현저하게 따라가지 못하고 있는 상태라면 투자매력도는 더욱 높아진다.

EPS×10

'EPS × 10'이라는 간단하면서도 효과적인 공식을 활용한다.

예를 들어 해당 기업의 주가가 1만원인데 EPS가 500이라면 고평가일까, 저평가일까?

> 500(EPS)×10=5,000원

현재가가 1만원이고 EPS로 구한 이 기업의 적정주가는 5,000원이므로 고평가라 할 수 있다.

EPS가 계속 증가하더라도 현재 주가가 고평가 상태이면 리스크가 있다. 반면 주가가 1만원인데 EPS가 2,000이라면 어떤 판단을 내릴 수 있을까?

> 2,000(EPS)×10=20,000원

현재가가 1만 원이고 EPS로 구한 이 기업의 적정주가는 2만 원이므로 저평가이며 상승 여력이 높다고 할 수 있다. 이처럼 EPS는 주가를 판단할 수 있는 중요한 투자지표이다.

★**투자 포인트**★ EPS가 높아질수록 투자가치도 높다.
'EPS×10'으로 단순하면서도 강력한 객관적인 투자 기준을 세운다.

EPS를 중심으로 기업실적을 점검하라

신가치투자를 이용해 주식투자 시 간단명료하게 주가의 고평가, 저평가 여부를 파악할 수 있는 지표는 바로 EPS이다.

주가의 현재 상태
EPS×10 > 주가 : 저평가
EPS×10 < 주가 : 고평가

'EPS×10' 이렇게 쉬운 공식 하나만 알고 있어도 주가의 현재 위치를 객관적으로 파악할 수 있다.

PER(주가수익비율)

먼저 PER을 산출하는 공식은 다음과 같다.

PER(주가수익비율) = 주가/주당순이익(EPS)

PER은 주가가 고평가인지 저평가인지를 판단할 때 가장 자주 쓰이는 지표이다. PER은 현재의 주가를 주당순이익으로 나눈 지표이기 때문에 주가가 주당순이익의 몇 배인가를 나타낸다. 예를 들어 A주가가 1만원이고, EPS(주당순이익)가 1,000원이라면 PER은 얼마일까? 10이라는 숫자가 나온다. 즉 A종목은 주가수익비율이 10배라는 의미이다.

PER이 낮을수록 저평가, 높을수록 고평가

PER 10배는 무슨 뜻일까? PER은 A기업이 지금과 같은 수익을 지속할 경우 현재 주가에 해당하는 돈을 벌려면 몇 년이 걸리느냐를 나타낸다. PER 10배는 10년 걸린다는 뜻이다.

따라서 PER이 낮을수록 주가가 저평가, PER이 높을수록 주가가 고평가되어 있다고 평가할 수 있다. 하지만 고평가 저평가 기준이 모호하므로 흔히 두 가지 방법을 주로 사용한다. 하나는 동종 업종 내에서 여러 종목의 PER를 비교하는 것이고 다른 하나는 PER의 절대 기준을 정하는 것이다.

① 동종 업종 내에서 PER 비교

동종 업종이라도 성장성, 안정성, 수급, 시장에서의 인기 등에 따라 종목들의 PER이 제각각이다. 현재 PER이 높아도 향후 성장성이 기대되는 종목의 주가는 계속 상승하고, 현재 PER이 낮아도 성장성이 결여되고 인기가 없는 종목의 주가는 오르지 않는다.

② 기준을 정해 PER 비교

일반적으로 PER을 기준으로 고평가와 저평가를 가르는 기준은 10이다. 10

을 평균으로 놓고 PER이 10 이하면 저평가 국면으로 매수 관점, 10~20이면 매수 고려, 20 이상이면 고평가 국면으로 각별한 주의가 필요하다.

PER	투자매력도
10 이하	적극적인 매수 관점
10~20	매수 고려
20 이상	각별한 주의 필요. 혹은 매도 관점

즉 기본적으로 PER이 낮을수록 투자매력이 높다고 할 수 있다. 업종 내에서든 업종을 떠나서든 PER이 낮을수록 해당 기업이 빠른 시일 내에 주가만큼 돈을 벌 수 있기 때문에 당연한 결과이다.

여기서 주목해야 할 점은 코스닥 벤처기업은 PER이 비정상인 경우가 많다는 사실이다.

벤처형 기업은 당장의 이익은 작지만 미래의 성장가치를 미리 반영하기 때문에 고PER로 나타날 수 있다.

일부 코스닥 기업은 PER이 50, 100 등으로 매우 높은 PER을 기록하고 있음에도 불구하고 주가가 계속 오르는 경우를 볼 수 있다. 예를 들어 삼성전자가 테블릿PC 부품에 들어가는 제품을 생산하는 A라는 기업과 독점계약을 맺었다면 어떻게 될지 상상해 보자. 이때는 일반적인 PER 기준과 상관없이 주가는 급등한다. 향후 발생할 순이익을 현재 주가와 비교해 지금의 PER이 낮다고 판단하기 때문이다.

★**투자 포인트**★ PER이 낮을수록 투자가치가 높다.

ROE(자기자본이익률)

ROE(Return on Equity)는 연간순이익을 자기자본으로 나눈 백분율로 자본 대비 순이익 정도를 평가하는 지표이다. ROA와 함께 수익성 지표이다.

ROE(자기자본이익률)＝당기순이익/자기자본

★ **투자 포인트** ★ ROE가 높을수록, ROE가 지속적으로 증가할수록 투자매력이 높다

ROE를 알기 전에 살펴보아야 할 지표가 있다. ROA(Return On Assets)이다. 총자산순이익률이라고도 하는데, 기업이 총자산에서 당기순이익을 얼마나 올렸는지 가늠하는 지표이다. 기업의 일정 기간 순이익을 자산총액으로 나누어 계산한 수치로, 특정 기업이 자산을 얼마나 효율적으로 운용했는지를 보여준다.

ROA(총자산이익률)＝(순이익/총자산)×100

기업의 총자산은 처음부터 가지고 있던 자기자본과 금융기관에서 빌린 차입금으로 나눌 수 있다. 차입금은 이자라는 비용을 부담해야 하고 언젠가는 되돌려 주어야 할 돈이다. 투자자 입장에서는 차입금을 뺀 자기자본만으로 기업이 얼마나 수익을 내고 있는지 판단하는 것이 더욱 중요할 수 있다. 그래서 나온 개념이 ROE이다.

기업의 자기자본이 1,000원이고 당기순이익이 100원이라면 ROE는 10%

이다. 달리 말해 주주들이 1,000원을 투자해 1년 동안 열심히 일한 결과 회사가 100원의 수익을 거둬들인 것이다.

ROE는 10 이상인지 확인하라

'ROE=은행이자'라는 공식을 외워두면 실전에서 빠른 적용이 가능하다. 대출이자를 연 4. 5%로 가정할 경우, 4. 5%의 이자를 내고 기업활동을 해 10% 이상의 이익을 얻었다면 은행이자를 갚고도 5% 이상의 수익이 발생했으니 장사를 잘했다고 말할 수 있다.

반면 10에 미치지 못한다면 무엇을 뜻할까? 인건비, 시설비, 운영비 등을 제하고 남은 순이익으로 은행이자를 지급하면 별로 남는 게 없을 것이다.

ROE가 높을수록 투자매력이 높다

기업이 해산하지 않고 계속 사업활동을 지속한다는 것은 기업이 소유한 자기자본을 은행에 예치해 이자를 받는 것보다 더 높은 수익이 기대되기 때문이다. 만약 ROE가 은행이자보다 낮다면 투자매력이 현저하게 떨어진다. 기업이 은행이자보다 못한 실적을 내고 있다면 투자자 입장에서도 그 기업에 투자하기보다는 주식투자금을 은행에 예치하는 게 상식적으로도 올바른 판단이다. 따라서 ROE가 높을수록 투자매력이 높다. 자기자본으로 기업이 그만큼 많은 돈을 벌고 있다는 의미이기 때문이다.

ROE가 지속적으로 높을수록 좋다

작년에는 ROE가 20%이고 올해는 −10%라면 투자자는 매우 불안할 것이다. 이는 작년에는 풍년이었다가 올해는 흉년이므로 앞으로 안심하고 작물을 심을 수 없기 때문이다. 결국 좋은 기업의 ROE는 높고 매년 꾸준하다.

PER의 단점을 보완하는 지표로 활용 가능하다

순이익을 발행주식수로 나누어 산출하는 PER 지표에도 단점은 있다. 자본금이 비정상적으로 적은 회사는 PER이 낮게 형성돼 투자에 혼란을 줄 수도 있다. 이런 단점을 바로 ROE 지표가 보완을 해준다. ROE가 높고 PER이 낮은 종목은 자기자본으로 순이익을 많이 내는 기업의 주가가 저평가 상태이니 투자매력이 높다고 할 수 있다.

ROE의 기준을 정한다

ROE 역시 기준이 없다면 애매한 지표이다. 최소한 은행이자보다는 높아야한다. ROE 수치가 20% 이상이라면 성장성이 높아 투자에 매력적인 기업이라 할 수 있다.

★**투자 포인트**★ ROE, ROA가 높을수록, 지속적으로 증가할수록 투자매력이 높다

BPS(주당순자산)

기업가치 판단지표로 BPS(Book-Value Per Share)가 활용된다. BPS는 회사의 총자산에서 부채를 뺀 순자산을 발행주식수로 나눈 지표로 주당순자산이라고도 한다. EPS가 회사의 수익성을 반영한 지표라면, BPS는 회사의 자산가치를 반영한 지표이다.

| BPS(주당순자산)＝순자산(총자산－총부채)/발행주식수 |

주당순자산은 주식 1주당 순자산이 얼마인지를 나타낸다. 순자산은 타인자본, 즉 부채를 빼고 남은 자기자본을 말하는데 기업의 실질적인 재산을 의미한다. 주가는 주당순자산과 비슷하게 움직이는 경향이 있다. 주당순자산이 1만원이면 주가도 1만원, 주당순자산이 10만원이면 10만원 근처에서 주가가 형성되는 경우가 많다. 물론 여타의 매력도에 따라 크게 차이가 나는 경우도 있지만 이론상으로는 주가는 BPS에 수렴한다. 만약 주가가 BPS에 비해 현저하게 낮다면 실적을 체크해 볼 필요가 있다. 매년 큰 폭의 적자를 기록하는 종목은 주가가 BPS보다 현저하게 낮게 형성된다. BPS가 1만원이라는 것은 기업이 문을 닫고 모든 자산을 처분했을 경우 1주당 주주들에게 1만원을 되돌려준다는 의미이다. 즉 청산가치라고 한다. 주주가 기업의 주식 1주를 보유했을 때 실제적인 자산가치를 나타내므로 기업의 BPS가 높거나 매년 증가할수록 투자매력이 높아진다.

★**투자 포인트**★ BPS가 높을수록 투자매력이 높다.

PBR(주가순자산비율)

PBR(Price Book-value Ratio)은 주당순자산비율이라고도 하는데, 주가가 순자산에 비해 1주당 몇 배로 거래되고 있는지를 나타낸다. 순자산이란 자산에서 부채를 뺀 수치를 의미한다. PER은 수익성만으로 현재의 주가를 판단하는 기준이다. 이와는 달리 PBR은 기업의 실제적인 자산과 비교해 현재의 주가를 판단하는 기준이다. 기업의 순자산이 많다는 것은 그만큼 기업이 내실이 있다는 뜻이다.

PBR이 1이라면 주가와 기업의 청산가치가 같고, PBR이 1 미만이면 주가가 기업의 청산가치에도 미치지 못할 정도로 낮게 주가가 거래되고 있다고 해석할 수 있다. 예를 들어 주가가 1만원인데 BPS가 2만원이라면 PBR은 0. 5배이며, 만일 회사가 문을 닫을 경우 이론상 1주당 2만원을 받을 수 있으므로 저평가이다. 반면에 주가가 1만원인데 BPS가 5천원이라면 PBR은 2배이며, 만일 회사가 문을 닫을 경우 이론상 1주당 5천원을 받을 수 있으므로 고평가이다.

PBR을 산출하는 공식은 아래와 같다.

PBR(주가순자산비율)＝주가/1주당 순자산

주식시장에는 PBR이 낮은 종목들이 많다. PBR 1배 이하이면 저평가 종목이므로 관심을 가져볼 만하다. 만일 주도주가 PBR 1배 이하에 거래되고 있다면 적극적인 매수관점으로 접근해야 한다.

★**투자 포인트**★ PBR이 낮을수록 투자매력이 높다.

여러 지표를 알아본 결과 어떤 지표는 높을수록 좋고, 어떤 지표는 낮을수록 좋다. 이를 정리하면 다음과 같다.

높을수록 좋은 지표	EPS, BPS, ROE, ROA
낮을수록 좋은 지표	PER, PBR

6 기타 투자 지표

안정성 지표에는 부채비율과 유보율이 있고, 성장성 지표에는 매출액 증가율, 영업이익 증가율, 총자산 증가율이 있으며, 활동성 지표에는 총자산회전율, 고정자산회전율, 재고자산회전율이 있다.

앞에서 설명한 지표를 통해 대략적인 분석이 가능하지만 보다 안전하고 치밀한 투자를 하기 위해서는 그 밖의 투자지표도 살펴보아야 한다. 하나씩 살펴보도록 하자.

안정성 지표

안정성 지표에는 부채비율과 유보율이 있다.

부채비율

부채비율＝타인자본/자기자본×100

부채비율은 자본구성의 건전성 여부를 판단하는 대표적인 지표이다. 여러분의 가계에서도 부채가 높을수록 재산이 불안정하다. 집을 살 때도 부채 없이 산다면 가장 안정적일 것이다. 마찬가지로 기업도 이 비율이 높을수록 재무구조가 불안정하다고 생각할 수 있다.

업종에 따라 다소 차이가 있지만 일반적으로는 100% 이하를 이상적인 표준비율로 보고 있다.

유보율

유보율＝자본잉여금＋이익잉여금/납입자본금×100

유보율은 기업이 동원할 수 있는 자금의 양을 측정하는 지표이다. 영업활동을 통해 얻은 이익인 이익잉여금과 자본거래 등 영업활동 외의 특수거래에서 생긴 이익을 뜻하는 자본잉여금을 합한 금액을 납입자본금으로 나눈 비율이다.

기업의 설비 확장 또는 재무구조의 안정성을 위해 유보율이 높을수록 좋다. 유보율이 높을수록 재무구조가 탄탄하며, 불황이나 특수 사건이 발생했을 때 대처와 적응력이 높다.

성장성 지표

성장성 지표에는 매출액 증가율, 영업이익 증가율, 총자산 증가율이 있다.

성장성 지표는 지속적으로 증가할수록 좋다. 기업이 성장하고 있음을 뜻하기 때문이다.

활동성 지표

활동성은 자산의 활용이 어느 정도 되고 있는지를 나타내는 지표이다. 기업의 경영관리 활동인 구매, 생산, 판매 활동 등이 어느 정도 활발한지를 보여준다.

총자산회전율

총자산을 활용해 어느 정도 매출을 올렸는지를 측정하는 지표이다. 기업이 매출활동을 벌일 때 보유하고 있는 모든 자산을 몇 번이나 활용했는지를 파악하는 데 사용한다.

총자산회전율＝매출액/총자산

고정자산 회전율

기업 활동에서 고정자산의 활용도를 알아보는 지표로 영업 상태를 판단하는 데 쓰인다. 고정자산회전율이 낮으면 조업도가 낮은 것을 의미한다. 따라서 제품 단위당 감가상각비, 수선비 등의 고정비의 비중이 높아져 제조원가가 상승하게 된다. 고정자산 회전율이 높을수록 우량한 회사이며 업종에 따라 평균율에는 차이가 있다.

고정자산 회전율＝매출액/고정자산×100

재고자산 회전율

기업이 판매를 목적으로 보유하고 있는 자산으로 생산한 상품이나 구입한 상품이 어느 정도 팔리고 있는가를 나타내는 지표이다. 재고자산 회전율이 높다는 것은 재고로 남겨두는 시간이 짧고, 판매가 빨리 이루어짐을 의미한다. 재고자산 회전율이 낮다는 것은 판매활동에 문제가 있는 것으로 판단할 수 있다.

재고자산 회전율＝매출액/재고자산×100

절대 피해야 할 주식

회사명을 자주 바꾸는 종목

모든 분야에서 적용되는 얘기다. 회사명을 자주 바꾸는 기업, 단체 치고 잘 된다는 이야기를 들어본 적이 없을 것이다.

주식시장에서도 마찬가지다. 회사명을 자주 바꾸는 이유는 과거에 좋지 않았던 이미지를 숨기고 일반투자자들에게 새로운 종목인 줄로 착각하게 만들기 위해서이다.

이 방법은 주로 부실한 회사들이 주식으로 시세차익을 노려서 머니게임을 진행하기 위해 많이 사용하므로 주의해야 한다.

1000원 이하의 저가주

주가가 싼 데는 분명 이유가 있다. 우리가 물건을 고를 때에도 비싼 물건은 품질이 좋고 싼 물건은 품질이 안 좋듯이 주식도 마찬가지다. 회사의 실적이 수반되는 우량한 회사는 주가가 높을 수밖에 없는 반면에 부실한 재무구조를 가진 회사는 주가가 낮을 수밖에 없다.

그러나 이렇게 너무나 당연하고 단순한 원리를 개인투자자들이 간과하는 경우를 종종 보게 된다. 참으로 안타까울 따름이다.

개인투자자들은 같은 자금으로 10주보다는 100주, 200주를 매수하는 것이 심리적으로 더 만족스럽다고 느끼므로 저가주를 선호한다.

연령대를 살펴보면 나이가 많고 투자자금이 많은 사람은 고가주를 선호하고, 반면 젊고 투자경력이 짧으며 투자금액이 적은 사람은 저가주를 매매하는 경향이 있다.

저가주는 대주주 변경이 잦고 주가도 급등락이 심하며 최악의 경우에는 상장폐지에 이른다. 따라서 저가주를 선호해서는 절대로 부자가 될 수 없다.

테마를 형성하며 급등한 종목

'복지, 교육, 무상급식, 경제민주화…'

이 단어의 공통점은 무엇일까? 이를 모르면 투자자로서 자격 미달이다. 이들은 2011년과 2012년 증시를 뜨겁게 달구었던 테마주이다.

대체 테마주는 어떤 속성을 가진 걸까? 테마주는 특정한 이슈나 재료에 따라 관련된 여러 종목들이 무리를 지어 주가의 등락을 함께 한다. 한번 테마가 형성되고 큰 시세가 난 종목들의 경우 세력이 빠져나가면 제자리로 돌아가는 것이 테마주들의 말로다.

그런데 개인 투자자들은 테마주의 화려한 급등만 기억한다. 그래서 또 예전처럼 화려하게 급등할 것이라고 예견하다 손실을 입게 된다. 그러니까 개인투자자들은 세력들이 팔고나온 구간인 8부 능선에서 주로 매수하는데 이때 주가가 내려오면 물타기 및 홀딩전략으로 큰 손실을 키우게 된다.

따라서 테마를 형성하며 급등하는 종목들은 단기간에 시세 급등이 이루어지므로 단기관점으로 접근해야 한다. 또한 재무구조 대비 월등히 고평가 국면을 지속하며 많은 개인 투자자에게 큰 손실을 안겨준다는 사실을 잊지 말아야한다.

200일선 밑에 있는 주식

"역배열로 되어 있으며 200일선 밑에 있는 주식은 종목 선정 시 배제해야 한다."

늘 자신있게 주장해 온 말이다. 종목을 선정할 때 역배열로 200일선 밑에 있는 주식은 아직 불황기의 주식으로써 시장의 관심대상이 아니다. 조셉 그린빌의 경기 선인 200일선 위에서 주가가 형성되는 종목들로 압축해 선정하는 기준을 세워야한다.

200일선은 경기선이며 200일선 밑에 주가가 형성되어 있다는 것은 재무구조가 불량하거나 실적이 저조하다는 말이다.

시장의 관심대상이 되지 못해 중기적인 상승흐름이 아직 준비되지 못한 신호로 보면 된다.

그러므로 정배열 초기 상승국면에 있거나 200일선이 우상향한 가운데 주가가 200일선에서 협띠를 형성한 종목으로 압축해야 한다.

전 정권에서 대시세난 주식

주식은 시대의 흐름을 반영한다. 특히 정부정책과 과제에 편승하여 움직이는 경향을 보인다.

과거 정부정책들을 보면 벤처 관련주, 조선주, 중공업, 철강주, 4대강 관련주, 자동차, IT, 화학주들이 주류를 이루었다.

그런데 중요한 사실은 시대는 자꾸 변하므로 이번 정부에서는 앞 정권에서 일궈 놓은 산업은 관심 대상으로 삼지 않는다는 점이다. 현 정부는 IT융합 정책을 내세우는데 그러면 그에 맞는 업종과 종목이 새롭게 등장하게 된다.

그러므로 앞 정권에서 상승했던 종목은 배제하고 현 정권의 정책인 3D프린팅, 사물인터넷, DMZ, 바이오 등을 연구하여야 한다.

씨앗을 뿌리고 바로 캐면 쪽박이다.
꿈의 씨앗을 뿌리고 가꾸어라

4장

매수 매도 타이밍

"주식에서 매수, 매도의 타이밍은
바로 수익으로 직결된다"

천정에 사지 않고 바닥에 팔지 않는다

 보통 천장에서는 매스컴을 통해 창사 이래 최대실적이라고 대서특필이 나오고, 바닥에는 기업에 대한 안 좋은 기사가 연일 쏟아져 나온다. 바로 이러한 정보들이 하나같이 일반투자자들에게 수익을 안겨주기보다는 손실을 준다는 점이다.

보통 일반 투자자들은 바닥이 오면 공포가 극에 달해 조금만 흔들어도 팔게 된다. 거래바닥이 나오고 캔들 길이가 짧아지며 횡보조정이 나올 때 아무리 악재가 나와도 주가가 안 빠지면 매수지점이라는 점을 명심해야 한다. 주가가 상승하여 천정일 경우에는 종종 좋은 정보를 내보내며 일반 투자자에게 물량을 분양하기 위해 거래량을 수반하며 봉 길이가 길게 나와 일반 투자자들을 현혹시킨다. 그 지점은 수익을 내는 것과는 상반되며 주식으로 고통이 시작되는 지점이 된다.

보통 천장에서는 매스컴을 통해 창사 이래 최대실적이라고 대서특필이 나오고, 바닥에는 기업에 대한 안 좋은 기사가 연일 쏟아져 나온다. 바로 이러한 정보들이 하나같이 일반투자자들에게 수익을 안겨주기보다는 손실을 준다는 점이다.

나는 항상 다음처럼 강조해 왔다.

"세력이 개입된 매집을 확인하고 저평가 국면의 우량주를 저점을 확인하고 무릎에서 매수하여 이평선 간격이 정배열 상태를 이루며 등간격이 일정하게 벌어졌을 때 머리를 확인하고 오른쪽 어깨 8부 능선에서 매도하세요."

2 매수 원칙_언제 사야하나?

2001년 9. 11테러를 비롯해 2003년 카드대란, 2004년 북핵리스크, 2008년 리먼브라더스
사태 등 과거 역사에서 비관론이 극에 달할 때가 지나고 보면 매수시점이었다

차트 18 KCI

주가가 20일선에서 협띠를 두를 때 매수한다

20일선 협띠

20일선

거래량 감소

저평가된 종목을 발굴하여 이동평균선 정배열 상태에서 5일선, 20일선 위에 주가가 위치해 있을 때 매수한다

〈차트 18〉 KCI는 2,500원에서 2,700원까지 강력추천을 하여 큰 시세를 주었던 종목이다. 화장품원료를 만드는 회사이면서 저평가되어 있었다. 2012년 6월과 9월 말에 거래가 들어온 후, 200일 이평선을 타고 거래말리는 지점에서 물량을 모았던 종목으로 그 이후 급등시세를 연출하고 있다.

우량한 종목이 단기 악재에 의해 낙폭이 심화될 때, 일명 "눈물방울" 흘릴 때 매수한다

차트 19 효성

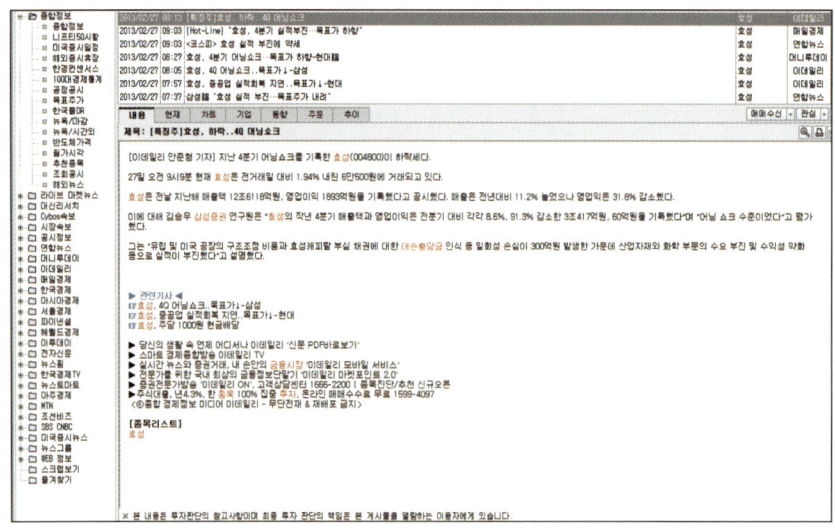

〈차트 19〉효성은 2013년 2월 27일 실적악화 공시가 나오면서 주가 급락이 나온 후 코스피 시장의 약세장과 더불어 두 달간 가격조정을 거쳐서 재상승하고 있다. 이처럼 우량주가 실적악화 공시 같은 악재가 나올 때는 절호의 매수기회이다.

바람구멍 나며 쩜상한가로 급등한 후 가격과 기간조정이 이루어지며 거래량이 감소될 때 매수한다

네오위즈는 2008년 11월 초 쩜상한가로 바람구멍을 낸 후 3달간 기간조정과 거래량 감소를 보이고 있는 지점에서 추천하였던 종목이다.

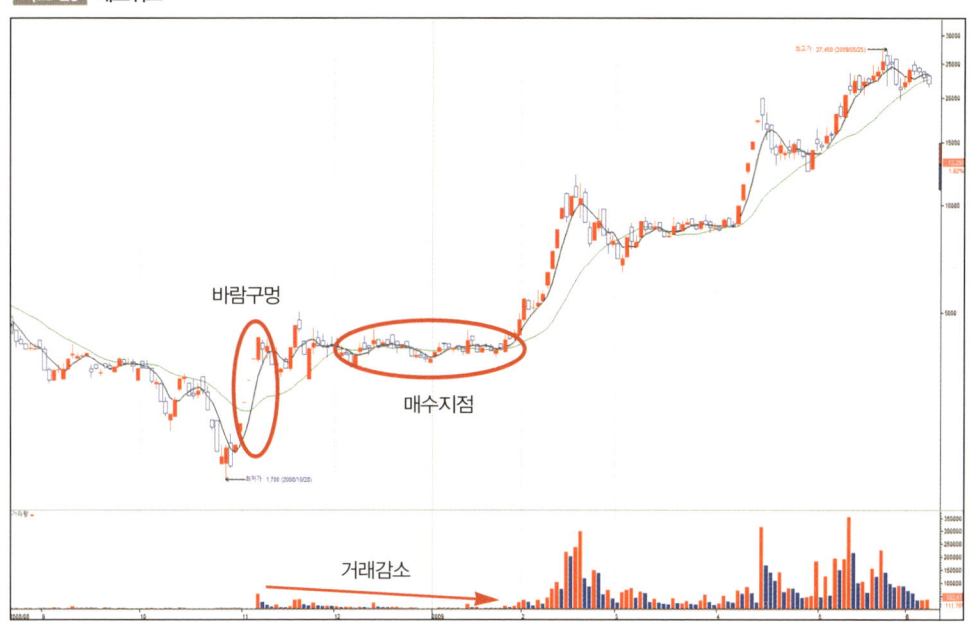

비관론이 극에 달할 때가 매수시점이다

주식의 거장 존템플턴 경은 매수시점에 대해서 이렇게 언급한 바 있다. "가장 좋은 매수시점은 길거리에 피가 낭자할 때 주식을 사라" 하고 설파를 했다.

주식의 세계에선 남과 같이 해서는 절대 돈을 벌 수 없다. 자주 인용하는 템플턴의 투자 원칙을 살펴보면,

"비관론이 팽배할 때 투자하라. 강세장은 비관론 속에서 싹이 트고 회의론 속에서 자라나 낙관론과 함께 성숙하며 행복감이 최고조에 달했을 때 사라진다. 비관론이 최고조에 달했을 때가 바로 주식 매수의 적기이며 반대로

낙관론이 최고조에 이르렀을 때가 주식매도의 적기이다. ”

주식시장은 위기가 기회이다. 2008년 금융위기 때 방송에서 강의를 할 때마다 “주식을 사서 2세에게 물려주자”고 강조했었다. 온갖 매스컴과 몇몇 전문가들이 비관론으로 몰고가며 개인투자자들의 투매를 유발시켜 오히려 매수시점인데도 매도를 권유하여 제일 저가에 주식을 팔게 만들었다. 이와 같은 경험을 바탕으로 비관론이 극에 달할 때가 절호의 매수시점이라는 것을 실전매매에서 잘 활용해 보기 바란다.

주식의 역사는 반복된다. 과거 차트로 살펴보게 되면 2001년 9. 11테러를 비롯해 2003년 카드대란, 2004년 북핵리스크, 2008년 리먼브라더스 사태 등 과거 역사에서 비관론이 극에 달할 때가 지나고 보면 매수시점이었다는 것을 확인할 수 있다.

 **차트 21** **코스피 월봉**

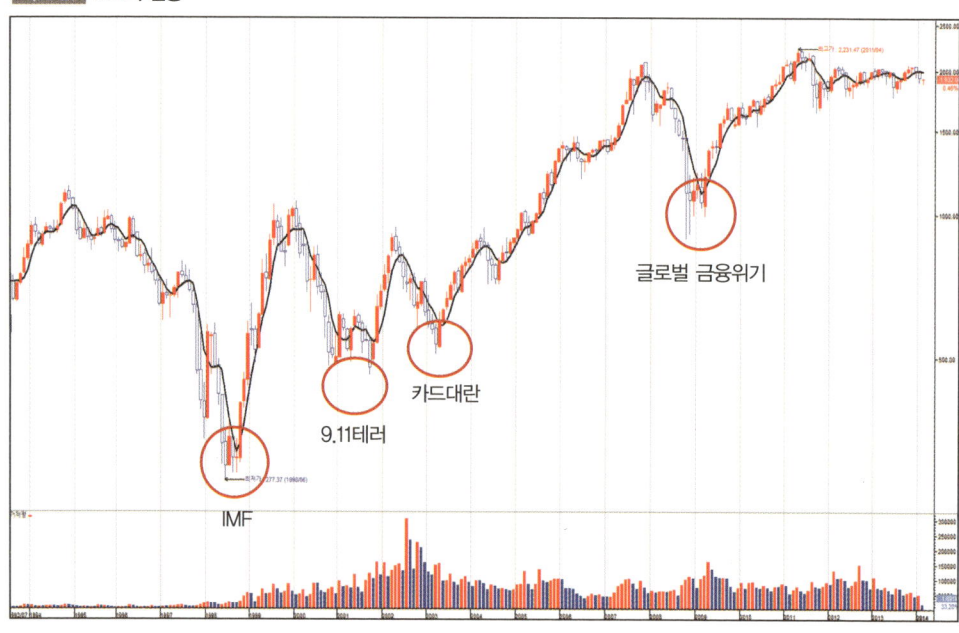

거래의 씨가 마를 때 매수한다

거래의 씨가 마른다는 것은 팔 사람이 소멸되고 살 사람만 나오면 곧 주가가 올라간다는 것을 의미한다.

대부분의 일반 투자자들은 거래가 활발히 이루어질 때에는 관심을 갖다가 오히려 거래가 줄고 가격조정이 이루어지며 캔들 길이가 짧아졌을 때 매수하기보다는 매도를 하는 우를 범한다.

1차 매집이 이루어지고 거래량이 감소하면서 봉 길이가 짧아지는 것을 확인하고 횡보조정이 이어질 때 일명 조셉그린빌의 원칙에 의하면 10년 대바닥이거나 엘리어트 파동상 1파 상승이 나오고 2파 조정일 때 매수하는 경우이다.

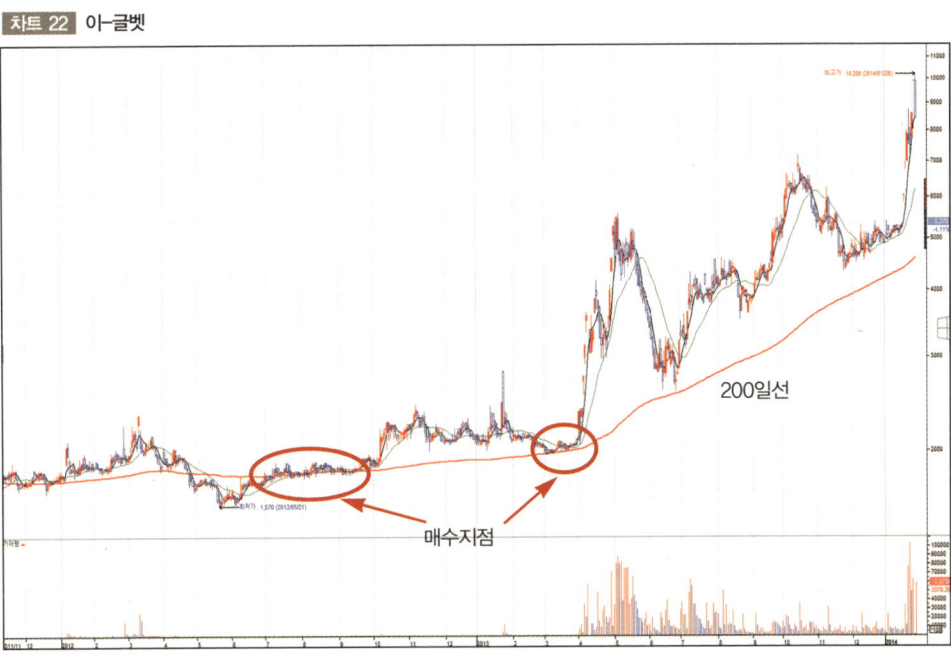

차트 22 아ㅡ글벳

매집되고 저평가되어 있는 지점에서 매수한다

통상 매집에는 일봉상 매집, 주봉상 매집, 월봉상 매집 등 세 가지가 있다.

주식이 매집이 이루어지는 경우에는 미래 성장가치를 가지고 있으면서 저평가되어 있는 경우가 많다. 매집은 차트로 확인을 하고 저평가 여부는 기본적 분석을 통해 아래 차트를 통해 설명하겠다.

고려제약은 적정가치가 5,000원으로 보여지는데 주가가 절반 가격인 2,500원대에 있어서 지속적으로 추천하였던 종목으로 배당도 받고 시세차익도 얻는 신가치투자에 부합이 되는 전형적인 종목이었다. 고려제약은 건국대와 노화제어 물질개발협력과 신경퇴행성, 암, 심혈관계질환의 건강식품과 c형간염 백신 신약을 개발하는 꿈을 가진 종목이었다. 이처럼 신가치

차트 23 고려제약

그림 7 고려제약

기업일반 재무제표 재무비율 요약재무비율 재무비교차트 기업분석(Web)

014570 🔍 ◀▶ 고려제약 ○Highlight ○기업정보 ○투자정보 ○재무정보 ○순위정보

▌Financial Summary   K-IFRS 개별기준 기업   K-IFRS 개별 ▼

구분	연간재무제표(Annual)				기간재무제표(Net Quarter)				
	2011.12	2012.12	2013.09	2013.12(E)	2012.09	2012.12	2013.03	2013.06	2013.09
매출액(억원)	465	439	298	0	106	114	90	101	106
영업이익(억원)	52	25	9	0	3	8	4	2	2
영업이익률(%)	11.21	5.58	3.06	-	2.78	7.01	4.21	1.89	1.67
당기순이익(억원)	38	15	7	0	2	3	4	1	1
순이익률(%)	8.14	3.43	2.35	-	1.83	0	4.96	1.34	1.13
자산총계(억원)	667	659	645	-	657	659	660	646	645
부채총계(억원)	197	184	170	-	183	184	188	172	170
자본총계(억원)	470	476	475	-	474	476	473	474	475
유보율(%)	754.01	764.99	764.19	-	762.31	0	759.28	761.28	764.19
ROE	8.3	3.18	1.97	0	1.64	0	3.76	1.15	1.01
PER	7.59	20.77	40.29	0	156.39	0	73.41	224.58	311.36
PBR	0.62	0.66	0.8	0	0.66	0.66	0.71	0.63	0.8
PSR	0.62	0.71	0.95	-	2.91	0	3.68	2.92	3.54
EPS(원)	344	137	85	0	18	0	41	12	11
BPS(원)	4,212	4,298	4,289	0	4,252	4,298	4,269	4,280	4,289
SPS(원)	4,231	3,991	3,609	-	967	0	817	923	968
EBITDA(억원)	63	35	22	0	3	11	6	2	2
EV/EBITDA	6.25	11.71	20.17	0	144	37	65	189	246

▌동일업종내 업체현황 그래프 ▼

(C21210)완제 의약품 제조업   [단위:백만원]

구분	순위	기업명	대표자명	결산월	기업형태	매출액
대표기업 5개사	1	동아쏘시오홀딩스(주)	강정석/이동훈	12월	상장	930,980
	2	(주)유한양행	김윤섭	12월	상장	762,793
	3	(주)녹십자	허일섭/조순태	12월	상장	715,597
	4	한미약품(주)	임성기/이관순	12월	상장	543,793
	5	(주)글락소스미스클라인	김진호	12월	외감	473,201
해당기업 (기준년도:2012)	75	고려제약(주)	박상훈/박해룡	12월	코스닥상장	43,900

NICE평가정보 ⁿⁱᶜᵉ

투자는 미래의 꿈을 가지고 있으면서 저평가에 놓여 있으면 하늘이 내린 매수기회로 인식한다.

분할매수, 맘에 쏙 들더라도 한 번에 다 사지 않는다

"3 · 3 · 4원칙"을 반드시 지켜야 한다!

회원들 중에 '3·3·4원칙'을 모르는 사람은 없다. 돌다리도 두드려보고 건너라는 옛말이 있듯이 주식은 신중에 신중을 기해야 한다. 오랜 투자 생활을 해오면서 깨달은 것은 과욕은 언제나 화를 불러온다는 것이다.

보통 실패하는 '개인투자자의 유형'은 이렇다.

'자신만의 변변한 투자 원칙도 없이 단기매매로 주식을 시작. 처음엔 돈 버는 재미를 알게 된다. 그 다음부터는 벌고 잃고를 반복. 이후 야금야금 돈을 까먹기 시작. 단숨에 원금회수하려는 욕심 발동. 잦은 매매, 몰빵을 하다가 돈을 잃게 된다.'

여기서 우리 일반 투자자들은 이러한 실패를 피하기 위해서 어떻게 하면 될까? 물론 방안은 한두 가지가 아니다. 여기서는 매수의 원칙을 정립하는 것만으로 실패를 피하고 성공투자의 길로 나간다고 볼 수 있다.

그러므로 한 번에 매수하지 말고 분할매수 하라는 것이다. 회원 중에 '부자채민아빠'라는 회원은 10회 분할 매수를 한다는 매매일지의 글을 보고 놀란 적이 있다.

개인투자자들은 한 번에 매수를 다 해서 주가가 하락하여 좋은 매수시점인데도 매수를 더 하지 못하는 아쉬움을 남긴다. 10회 분할 매수하는 부자채민아빠의 경우에 부자가 될 수밖에 없는 투자철학을 가지고 있다는 것을 다시 한번 느낄 수 있었다.

분할 매수의 이점은 상당히 많은 물량의 주식을 일정기간 시간을 두고 매수해 나가면, 주식의 가격 상승을 막을 수 있다. 즉, 자신이 원하는 가격대에서 마음껏 사 모을 수 있다.

이제, 분할 매수에 대해 정리해보자.

- 분할 매수의 이점 1: 분할 매수함으로써 심리 안정화를 가질 수 있다.
- 분할 매수의 이점 2: 원하는 종목을 세력에 거스르지 않고 매집할 수 있다.

분산투자, 비중조절로 심리를 안정화시킨다

주식에서 실패하는 가장 큰 요소 중의 하나가 바로 집중투자로 인한 비중조절 실패이다. 아무리 좋은 종목을 매수하였다 할지라도 비중조절을 실패하면 심리가 안정화 되지 못하기 때문에 주가의 작은 등락에서 동요될 수밖에 없다.

저평가되고 매집된 우량주들을 일정하게 분산투자하면 시장의 등락에 상관없이 배당과 더불어서 시세 차익을 거둘 수 있는 안정된 투자방법이 된다. 그러므로 아무리 좋은 종목일지라도 일정한 비중을 매수하여 마지막 시세까지 즐기는 진정한 투자자가 되길 바란다.

3 매도의 원칙_언제 팔아야 하나?

주식은 매수도 중요하지만 매도는 더욱 중요하다. 대부분의 투자자들의 경우에 불안해서 일찍 팔아버리는 경우가 있고, 욕심 때문에 끝까지 이익을 고집하다가 큰 이익은 보지 못하고 오히려 손실을 보는 경우도 있다.

차트 24 삼화페인트

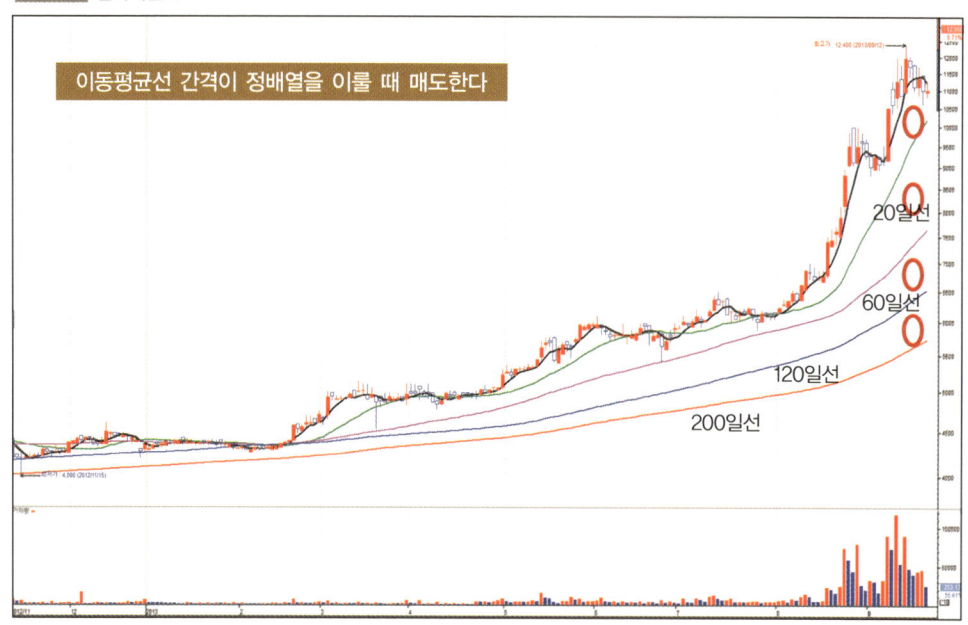

이평선 간격이 정배열을 이룰 때

주가 고점의 징후를 보면 이동평균선이 정배열 상태로 간격이 일정하게 벌어진다. 등 간격이 일정하게 벌어질 때 매도한다.

연속상한가를 가던 종목이 상한가를 못가면 일단 매도한다

〈차트 25〉 일동제약은 실전매매에서 쩜상한가 매집을 보고 거래말리는 구간에서 추천하여 연속상한가를 가다 못 가던 지점에서 매도하였던 종목이다.

차트 25 일동제약

창사 이래 최대 실적공시가 나올 때

창사 이래 최대 실적공시, 기타 호재성 재료가 나오는데도 불구하고 주가
가 더 이상 오르지 못하면 매도한다.

 삼성전자

최대실적공시 나온 시점

상승하던 주식이 대음봉을 맞으며 거래가 터질 때

개인정보 누출로 카드재발급사태가 속출하여 이와 관련주인 아이씨케이가 연속 급등하였다. 상승하던 주식이 대음봉을 맞으며 거래가 터질 때는 매도한다.

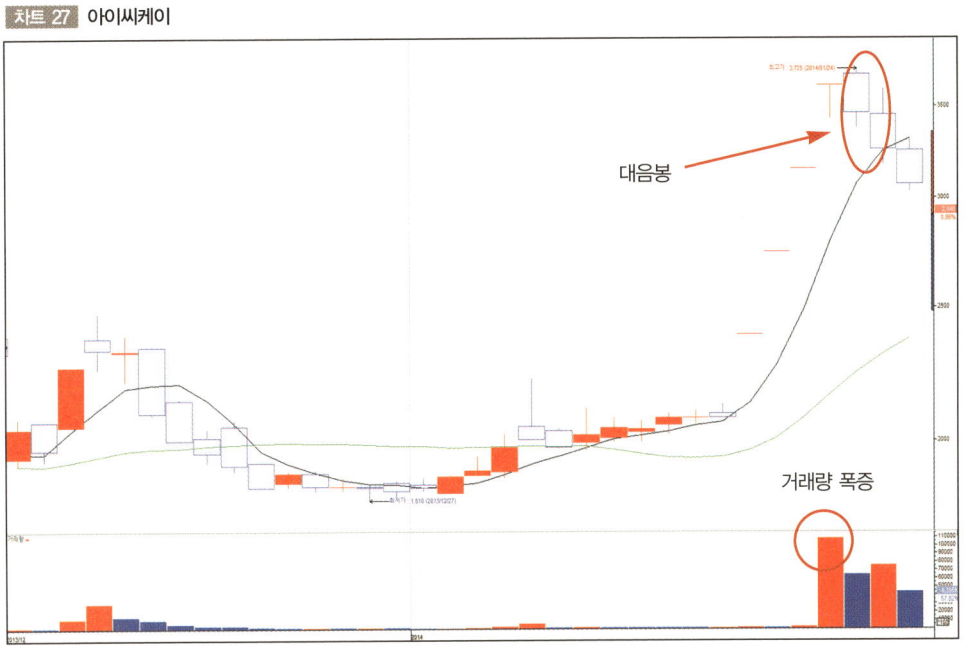

차트 27 아이씨케이

대음봉

거래량 폭증

최고로 낙관적일 때가 가장 좋은 매도 시점이다

"상황이 매우 비관적일 때가 매수 시점이고, 장밋빛 상황에 모든 것이 낙관적일 때가 매도 시점이다."

주식을 하는 사람이라면 기본적으로 알아야 하는 문구이다.

주식 격언에는 오랫동안 시장에서 고군분투해온 주식투자자들의 지혜가 담겨 있다. 동양에선 장수가 전쟁에 나가기 전에 반드시 손자병법을 읽는 게 기본자세이다. 마찬가지로 주식을 하려는 사람은 틈틈이 주식격언의 의미를 곱씹어야 한다.

사실, 이 간단한 주식 격언만 따라서 했더라도 실패는 피할 수 있으리라 본다.

주식을 시작한 지 얼마 안됐던 한 투자자는 위의 격언의 의미를 잘 새기지 않았고 실천하지 못했던 경우이다. 그는 여러 개의 종목을 보유하고 있었다. 그런데 그에게는 안 좋은 습관이 있었다. 그는 상승하는 주식을 추격 매수 하다가 번번이 손실을 보았다.

위의 주식 격언을 아느냐고 물어보니 들어본 적은 있으나 실전에서는 적용이 잘 안 된다며 어려움을 토로했다.

"주식의 매도 시점에 관한한 위의 격언만큼 확실한 게 없습니다. 주식으로 최고의 투자 수익을 올리려면 매수 시점과 매도 시점의 선택이 매우 중요합니다. 이 가운데에서 매도 시점의 선택이 더욱 중요하지요."

그러면서 내 실전매매의 경험담을 들려주었다. 실전매매에서 리딩을 하면서 보유종목인 알앤엘바이오를 2009년 3월 3500원에 매수추천을 했고, 4월에 1만원대에 매도사인을 하여 대부분의 회원들은 매도했다. 하지만 한

회원은 주변에서 정보를 접하고 계속 상승이 가능할 것 같다며 보유를 주장하다가 매도 시점을 놓쳤다. 그는 그때 팔지 못한 것을 후회하고 있다.

매도 시점 당시 줄기세포 화장품 개발 확대와 세계시장 진출을 위한 법인설립 공시가 나오면서 좋은 뉴스가 나왔었다.

이처럼 단언하건대 주식은 매수도 중요하지만 매도는 더욱 중요하다. 대부분의 투자자들의 경우에 불안해서 일찍 팔아버리는 경우가 있고, 욕심 때문에 끝까지 이익을 고집하다가 큰 이익은 보지 못하고 오히려 손실을 보는 경우도 있다.

따라서 "상황이 매우 비관적일 때가 매수 시점이고, 장밋빛 상황에 모든 것이 낙관적일 때가 매도 시점이다. " 이 격언 하나쯤은 꼭 기억하라. 그리고 소녀처럼 왔다가, 토끼처럼 달아나는 기회를 낚으라.

김원기의 투자 원칙

 워렌 버핏은 투자마인드에서 가장 중요한 점은 바로 기업의 오너처럼 생각하는 것이라고 강조했다. 그는 투자를 할 때 단순히 주식을 사는 것에 그치지 않고 기업을 소유한다는 생각을 가져야 한다고 역설했다.

늙은 시세는 건너뛰고 젊은 시세를 사라

과거에 급등 시세를 냈던 종목은 다음 시세를 내기까지 많은 시간이 걸린다. 혹은 종목은 부실한데 이슈를 타고 급등했던 종목은 주식시장에서 상장폐지가 되기도 한다.

2003년~2007년까지의 주도주는 조선, 중공업주였고, 2008~2011년까지는 차화정(자동차, 화학, 정유), 기아차, 삼성전자, LG화학 등이었다. 2011~2013년까지는 대선주 EG, 안랩, 복지관련주 등이 시세를 냈었고 2014년 현재는 3D프린팅, DMZ평화공원조성 등의 정부정책주들이 시세를 준비하고 있다.

한번 큰 시세를 낸 종목은 이미 세력이 빠져 나간 종목이다. 산이 나오면

들판이 나오고, 오랜 기간이 흘러야 매물이 소화된다. 따라서 다시 시세를 내려면 많은 시간이 필요하다는 점을 잊어서는 안 된다. 그래서 나는 누누이 대시세가 난 종목, 조선업과 중공업은 피하라고 2009년 이후 늘 강조했다. 2012년 8월에는 바닥 대비 10배 이상 상승한 기아차를 피하라고 조언하였다. 혹시 이후 상승이 있다 하더라도 이미 큰 시세를 냈기 때문에 더 큰 시세는 어렵기 때문이다.

그런데 몇몇 투자자들이 이 점을 간과하여 고통을 겪는 것을 심심치 않게 보게 된다. 개인투자자들은 고점 대비 하락한 가격만을 생각하며, 대시세 난 종목을 매수함으로써 많은 시간을 보내지만 가격은 좀처럼 오르지 않는다. 문제는 고통이 여기서 그치지 않는다는 점이다. 한번 대시세가 난 종목은 감자를 당하거나 상장폐지가 되기도 한다.

그래도 우량주의 경우에는 시간이 지나면 매물소화 과정을 거쳐서 다시 상승하는 경우가 드물게나마 있다. 그러나 개별주의 경우는 정부정책에 관련된 테마를 형성하고, 단기적인 시세차익을 노린 세력들에 의한 급등이므로 우량주처럼 재상승은 어렵다. 그러므로 과거의 정권과 더불어 급등했던 종목은 실적 수반이 안 되면 주식으로서의 상승가치는 떨어진다.

연도별 주도주

- 1970년대 : 건설주(삼환기업)

- 1980년대 : 증권주(대우증권)

- 1990년대 : IT(SK텔레콤)

- 2000년대 : 코스닥(솔본)

- 2005년도 : 바이오(산성엘엔에스)

- 2003~2007년 : 조선주, 중공업(STX)

- 2008~2011년 : 스마트폰 자동차(삼성전자, 현대차)

- 2011~ : 대선관련주(아가방컴퍼니, 보령메디앙스)

- 2012년 : 바이오종목(휴온스)

- 2013년 : 3D 신기술(TPC)

- 2014년 : 정부정책주 진행중

미수, 신용, 대출을 금지하라

"주식투자는 여윳돈으로 해야 한다. "

이 말은 아무리 강조해도 지나치지 않다. 모름지기 여윳돈으로 주식투자를 해야 급등락에도 개의치 않고 편안한 투자가 가능하다. 주식투자에서 돈을 잃는 투자자들을 보면 무모하게 자금을 투입하는 경우가 많다.

지금 이 순간에 사지 않으면 마치 못살 것 같은 조급함과 큰돈을 벌려는 욕심이 화를 부르게 된다. 이 때문에 미수, 신용, 대출을 하게 되고, 조금만 하락하면 투매해 버리는 우를 범한다.

이런 과정을 반복하면 계좌는 계속 마이너스가 날 수밖에 없다.

현재 개인 비중이 높은 코스닥 종목을 보면 많은 종목들이 신용이 걸려 있는 것을 확인할 수 있다.

여기서 많은 투자자들이 간과하고 있는 것이 있다. 신용의 비중이 높은 종목들은 신용물량이 소화되기 전까지는 상승이 어렵다. 지금은 HTS로 신용물량을 확인할 수 있어 신용으로 매수하는 것은 내 패를 보여주고 카드게

임을 하는 것과 같다.

그러므로 주식투자는 대박에 대한 환상을 버리고 미수, 신용, 대출은 절대로 하지 말아야 한다. 여윳돈으로 저평가되고 매집된 우량주를 분할 매수해 배당을 받으면서 본연의 가치를 찾아갈 때까지 길게 보유하는 것이 정석투자이다.

주식투자에서 배당을 받아본 사람만이 주식의 진면목을 느낄 수 있다.

분산투자, 분할매수, 비중을 지켜 매수한다

주식투자에서 반드시 지켜야 할 원칙 중 하나는 비중조절과 분할매수이다.

"계란을 한 바구니에 담지 말라"는 격언이 있다. 이 말은 분산투자의 중요성을 잘 말해주고 있다. 대박의 욕심에 한 종목에 올인하다 보면 오히려 리스크 관리가 잘 되지 않아 심리가 흔들리게 되어 있다.

존 템플턴 역시 분산투자를 잘 활용했다. 그는 2차 세계대전 때 1달러 미만에 거래되는 104개 기업의 주식을 사들였다. 이후 얼마 지나지 않아 4개 종목을 뺀 100개 기업에서 큰 수익을 거두었다. 존 템플턴은 여러 종목에 분산투자하여 위험부담을 최소화한 것이다.

나 역시 실전매매에서 회원들에게 매일 비중조절, 즉 포트폴리오 구성의 중요성을 강조한다. 아무리 좋은 종목이라도 한 종목에 비중을 많이 실으면 심리적인 압박을 받아 민감하게 반응하게 된다. 그러므로 분산투자, 분할매수, 비중조절의 원칙을 철저히 지켜야 한다.

사업하듯 투자하라

최고의 투자자인 워렌 버핏은 투자마인드에서 가장 중요한 점은 바로 기업의 오너처럼 생각하는 것이라고 강조했다. 그는 투자를 할 때 단순히 주식을 사는 것에 그치지 않고 기업을 소유한다는 생각을 가져야 한다고 역설했다. 버핏은 여기서 더 나아가 투자자들이 기업의 오너처럼 생각하고 경영하기를 원했다.

 "버핏은 10년을 보유하지 못할 주식은 단 1초도 보유하지 말라"고 했다.

 나 역시 주식투자는 사업가의 마인드로 접근하라고 조언해 왔다. 모름지기 사업가에게 배우는 자세로 주식은 투기가 아닌 투자를 해야만 성공할 수 있다. 워렌 버핏은 주식투자는 직접 사업을 벌이는 것과 마찬가지라고 생각하고 경기변동을 유리하게 활용함으로써 안전마진을 추구하는 것이라고 했다.

시장에 비관이 팽배할 때 저가에 매수하라

바겐헌터하면 바로 떠오르는 전설적인 투자자는 바로 존 템플턴이다. 그는 시장이 비관적일 때 매수하는 바겐헌터(Bargen Hunter) 전략으로 유명하다. 그에 따르면 증시의 폭락은 바겐헌터들에게는 10년에 한두 번 올까말까 한 기회라는 것이다. 그는 되풀이되는 증시 버블과 대폭락의 사이클을 간파해 냈다. 그리고 기회를 포착해 바겐헌터 전략을 펼쳐 엄청난 수익을 거두었다.

우리 투자자의 경우는 어떻게 하면 될까. 시장 가치보다 저평가된 종목을 발굴하여 지속적인 관찰하에 시장흐름과 맞는 종목을 선정하는 안목을 키워야 한다. 그리고 시장이 하방으로 많이 흔들릴 때 저점에서 물량을 모아가는 전략을 펼쳐야 한다. 특히 악재로 투매가 나와서 급락할 때가 절호의 매수 기회이므로 이때 저점에서 매수하며 물량을 늘려야 한다. 다시 한 번 강조한다. '모든 사람이 하락에 대한 공포심을 가질 때 존 템플턴의 역발상적인 생각으로 바겐헌터가 되어라.'

씨앗을 뿌리고 바로 캐면 쪽박이다

주식시장에서 돈을 벌기란 쉬운 일이 아니다. 헝가리 출신의 세계적인 주식 투자자 앙드레 코스탈리니는 말했다.

"주식에서 번 돈은 고통의 산물이다."

투자자들이 농부가 되었다고 가정해 보자. 그러면 어떻게 해야 할까? 좋은 씨앗을 골라 밭에 뿌리고, 씨앗이 싹트도록 기다려야 한다. 싹이 나면 솎아주고, 잡초를 제거해서 열매를 잘 맺게 해야 한다. 여기에서 중요한 점은 싹이 날 때까지 기다리는 것이다. 빨리 열매를 맺게 하고 싶어 일찍 싹이 트게 하다가는 농사를 망치게 된다.

주식도 이와 마찬가지이다. 워렌 버핏이 주주들에게 보낸 서한을 보면, 소액투자자를 위한 원칙이란 게 있다. '거래를 남발하지 말라', '과도한 거래가 결국 고비용으로 이어진다. 흥분과 고비용은 투자자의 적이다.'

그의 스승 벤자민 그레이엄도 같은 생각이었다. 증권사는 주된 수입원인

수수료를 얻기 위해서 잦은 매매를 권유할 수밖에 없다. 이들의 정보는 투기를 부추기는 경우가 태반이라고 비난했다.

주식을 거래할 때는 손익에 상관없이 매수, 매도할 때 모두 수수료가 부과된다. 거기에 매도할 때는 세금이 추가된다. 결국 잦은 매매는 증권사만 배불리는 결과가 된다.

그러므로 현명한 투자자라면 잦은 매매는 가급적 지양하고 대주주와 사업한다는 마인드로 좋은 주식을 매수해 중장기로 보유해야 한다.

부정된 정보와 뉴스를 차단하라

신문이나 뉴스에 나오는 기사 중 일부는 가치가 없다. 왜냐하면 큰 세력들은 저점에서 매집해 놓은 주식을 호재성 뉴스를 발표하면서 매도하기 때문이다. 개인투자자들은 이 사실을 전혀 모른다. 그래서 남들이 하는 대로 따라했다가 번번이 손실을 입는다. 개인투자자들은 뉴스나 정보를 통해 뒤늦게 매수함으로써 항상 위험에 노출되어 있다.

글로벌 금융위기 당시 모기지 사태로 인해 국내 종합주가지수가 폭락했을 때 나는 좋은 기회가 왔음을 확신했다. 그래서 2009년 3월 종합주가지수가 1,000P 아래에서 3중 바닥을 형성할 때 이데일리 증권방송에서 아래와 같이 말했다.

"눈과 귀를 막고 2세에게 주식을 사서 물려주자."

뉴스나 정보에 의존하지 말아야 한다. 일반 투자자들은 좋은 뉴스에 현혹되어 매수하고 나쁜 뉴스에 매도해 버리는 우를 범하는 경우가 많다. 주

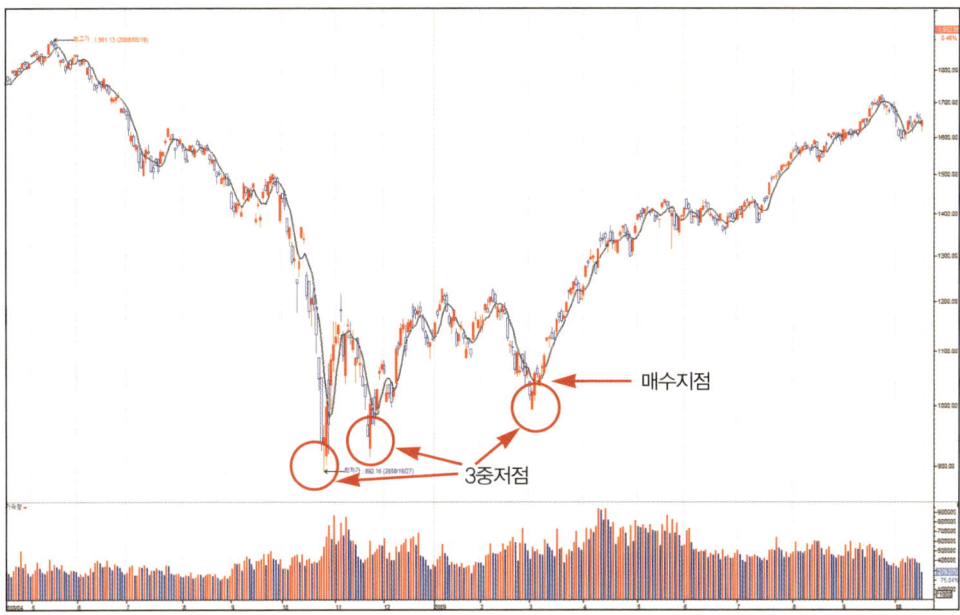

매수지점

3중저점

식은 본연의 가치보다 저평가 되었을 때 매수하고 호재성 뉴스 같은 좋은 재료를 내보낼 때 매도하는 현명한 투자자가 되어야 한다.

미래를 연구하면 종목이 보인다

우리나라를 대표하는 삼성전자 이건희 회장은 미래 먹거리인 신수종 사업에 대해 역설하였다. 신수종 사업이란 미래산업을 이끌어나갈 만큼 유망한 신사업을 뜻한다. 기존 사업을 유지하면서 지속적인 기업의 성장을 위해 새로운 미래 주력사업을 찾는 것이다. 한편, 2010년 5월 11일 신수종 사업으로 태양전지, 자동차용 전지, 발광다이오드(LED), 바이오제약, 의료기기를 선정하고, 2020년까지 이에 대한 투자를 할 계획을 발표했다.

1990년 당시 SK텔레콤 사장은 앞으로 10년 후엔 초등학생들도 핸드폰을 들고 다니는 시대가 올 것이라고 예상했다. SK텔레콤 주가는 1990년대 초 약 5천원에서 2000년도에는 540만원까지 급등했다. 이처럼 다가올 미래를 공부하고 연구하면 종목이 보이므로 이를 잘 활용하면 부자가 될 수 있다.

앞으로는 알약 하나를 먹고서 100년을 사는 시대가 도래할 것이다. 가돌리늄 원소는 75년 동안 효력을 발휘하여 이러한 꿈의 세계가 실현 가능하게 만들 것이다. 또한 옷을 갈아입을 필요없이 저절로 세탁이 되고, 보온과 보냉이 자동으로 이루어지며, 빛의 색에 따라 옷의 색이 저절로 변한다고 미래학자들은 말하고 있다. 향후 10년을 지배할 키워드는 다음과 같은 것

차트 29 휴온스

200일선

매수지점

거래감소

들이 있다. 나노, 바이오, 뇌공학, 맞춤약제, 양자컴퓨터, 빅데이터, 로봇, 3D프린팅, 컴퓨터칩 등이고 선진국들은 여기에 집중투자를 하고 있다.

〈차트 29〉 휴온스는 매집된 것을 확인하고 왜 매집이 되었는가를 확인해 보니 지방간 치료제 개발 임상추진, 파킨슨병, 뇌졸중 치료제, 발기부전 치료제, 동백경화 치료제 등 난치병들을 치료하는 연구에 주력하는 회사였다. 미래의 꿈을 가진 종목은 실적수반과 함께 지속적으로 상승한다는 것을 보여주고 있다.

매수 매도 타이밍

1. 천정에 사지 않고 바닥에 팔지 않는다

- 세력이 개입된 것을 확인하고 무릎에서 사서 꼭대기를 확인하고 8부 능선에서 팔아야 한다.

2. [매수 원칙] 언제 사야 하나?

1. 저평가된 종목을 발굴하여 이동평균선 정배열 상태에서 5일선, 20일선 위에 주가가 위치해 있을 때 매수한다.
2. 우량한 종목이 단기 악재에 의해 낙폭이 심화될 때, 일명 "눈물방울" 흘릴 때 매수한다.
3. 바람구멍 나며 상한가로 급등한 후 가격과 기간조정이 이루어지며 거래량이 감소될 때 매수한다.
4. 비관론이 극에 달할 때가 매수 시점이다.
   - 우량주는 악재, 폭락이 나올 때 매수해야 한다.
5. 거래의 씨가 마를 때 매수한다.
6. 매집되고 저평가되어 있는 지점에서 매수한다.
7. 분할매수, 맘에 쏙 들더라도 한 번에 다 사지 않는다.
   - 처음에는 30% 매수, 그 다음 주가 추이를 보면서 30% 매수, 마지막으로 40% 추가 매수한다.
8. 분산투자, 비중조절로 심리를 안정화 시킨다.

3. [매도 원칙] 언제 팔아야 하나?

1. 이동평균선이 정배열 상태로 간격이 일정하게 벌어질 때 매도한다.

2. 연속상한가를 가던 종목이 상한가를 못가면 일단 매도한다.

3. 창사 이래 최대실적, 기타 호재성 재료가 나오는데도 불구하고 주가가 더 이상 상승하지 못하면 매도한다.

4. 상승하던 주식이 대음봉을 맞으며 거래가 터질 때 매도한다.

5. 최고로 낙관적일 때가 가장 좋은 매도시점이다.

   • 상황이 매우 비관적일 때가 매수 시점이고, 장밋빛 상황에 모든 것이 낙관적일 때가 매도 시점이다.

KEY POINT

김원기 투자원칙

1. 늙은 시세는 건너뛰고 젊은 시세를 사라.
   - 한번 큰 시세를 낸 종목은 이미 세력이 털고 나간 종목이다.

2. 미수, 신용, 대출을 금지하라.
   - 여윳돈으로 주식투자를 하지 않으면 작은 등락에도 심리 불안으로 손실이 나기 쉽다.

3. 분산투자, 분할매수, 비중을 지켜 매수한다.
   - 종목 매수비중을 우량주는 15-20%, 개별주는 10% 이내로 하여 3회 분할 매수하는 전략이 좋다.

4. 사업하듯 투자하라.
   - 주식투자도 사업이다. 사업가에게 배워라.

5. 시장에 비관이 팽배할 때 저가에 매수하라.
   - 모든 투자자가 공포에 투매할 때 바겐헌터가 되어라.

6. 씨앗을 뿌리고 바로 캐면 쪽박이다.
   - 농부가 봄에 씨앗을 뿌리고 가꾸어서 가을에 추수를 할 때까지 기다리는 마음으로 주식투자에 임해야 한다.

7. 부정된 정보와 뉴스를 차단하라.
   - 동서남북으로 알려진 정보가 뉴스페이퍼다. 그러므로 인터넷이나 각종 매스컴에서 나오는 정보는 사방팔방으로 알려진 정보이다.

8. 미래를 연구하면 종목이 보인다.
   - 미래에는 에너지, 환경, 바이오, 로봇, 나노, 뇌공학, 3D프린팅 등의 신산업들이 부상할 것이다.

돈이 나를 위해서 일하게 하라.
그것이 바로 투자이다

5장

돈의 흐름을 읽는 비결

1 시장을 읽는 법

200일선은 장기선으로 주가의 추세를 분석할 때 기준으로 사용하는 중요한 이동평균선이다. 200일선이 우상향일 때는 주식을 보유하고 반대일 경우에는 주식시장에서 관망하여야 한다.

시장판단의 기준들

시장을 읽는 순서

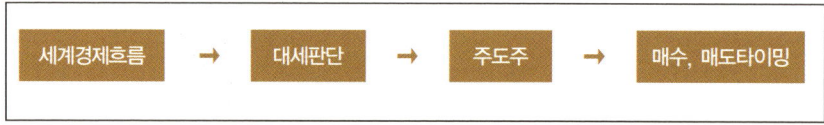

| 세계경제흐름 | → | 대세판단 | → | 주도주 | → | 매수, 매도타이밍 |

200일선 우상향

200일선은 장기선으로 주가의 추세를 분석할 때 기준으로 사용하는 중요한 이동평균선이다. 200일선이 우상향일 때는 주식을 보유하고 반대일 경우에는 주식시장에서 관망하여야 한다. 역배열이면서 주가가 200일선 아래에 있는 종목들은 분석종목에서 제외하며 200일선 위에 있는 종목군으로 압축해서 신가치투자에 부합하는 종목들로 선택해야 한다.

차트 30 신일제약

> 200일선에 올라탄 3000원 지점에서
> 지속 추천하였다.

2차 매수지점

200일선 우상향

1차 매수지점

거래대금과 거래량

거래대금

거래대금을 파악하면 매매할 종목을 선정할 수 있다. 2014년 기준 거래대금이 3조원 이하일 경우에는 그동안 소외되었던 저가주, 관리주, 부실주가 움직이는 경향이 강하고 거래대금이 3~6조일 경우에는 개별주 및 중소형 주들이 움직이고 7조원 이상일 때는 우량주 및 블루칩이 움직인다.

- 3조원 이하 : 저가주, 부실주, 관리주, 우선주
- 3~6조 : 중소형주, 개별주
- 7조 이상 : 우량주, 중가 우량주

그림 8 거래대금

〈그림 8〉 거래대금에서 보듯이 2014년 1월 현재 거래대금은 3~4조원대에 머물고 있다.

거래량

거래량이란 매수세와 매도세가 힘을 겨루며 체결된 주식의 총수를 나타낸다. 주가가 상승하면 거래량이 늘어나는 경우가 많고 주가가 하락하면 거래량이 줄어드는 경우가 많다. 단, 급등하는 종목은 거래량이 폭발적으로 늘어나면서 주가가 상승하고, 급락하는 종목 또한 거래량이 늘어나면서 주가가 하락한다.

매매주체별 거래동향

〈그림 9〉 매매주체별 동향을 파악하면 종목이 보인다. 개인과 기관, 외국인이 세 주체의 매수 여부에 따라서 종목을 선정할 수 있다. 주로 개인투자자들은 급등 가능성이 있는 개별주 위주로 매매하고, 외국인과 기관은 거래

그림 9 투자자별 매매종합

| 매매종합 | 시간대별 | 시장흐름 | 업종별현황 | 일별현황 | 기간별집계 | | | | | 업종수급동향 | |

선물계약 ▼ 옵션금액 ▼ 주식금액 ▼　　　　(금액: 억원 ▼) 당일 ▼ 조회 편집

시장구분		개인	외국인	기관계	금융투자	보험	투신	은행	기타금융	연기금	국가,지자체	기타법인	사모펀드
거래소	매도	14,984	9,949	8,991	1,935	708	3,564	322	345	1,176	190	354	752
	매수	14,540	10,768	8,416	1,490	1,030	2,688	196	59	2,024	206	437	723
	순매수	-314	819	-576	-445	321	-877	-125	-286	848	16	83	-29
코스닥	매도	15,570	1,013	770	166	86	245	17	14	162	26	192	54
	매수	15,715	770	893	176	95	256	27	17	172	43	168	107
	순매수	145	-244	123	11	10	10	10	3	10	17	-24	53
KSP200 선물	매도	38,618	62,674	36,009	33,493	237	1,936	171		172		1,459	
	매수	37,759	63,944	35,549	33,224	454	1,415	215		241		1,508	
	순매수	-859	1,270	-460	-269	217	-521	44		69		49	
KSP200 콜옵션	매도	1,652	2,360	751	732		7		7	4		59	
	매수	1,662	2,363	761	744		5		7	5		34	
	순매수	11	3	11	12		-2			1		-25	
	(계약)	1,123	-1,227	333	358		43	-37	-10	-21		-229	
KSP200 풋옵션	매도	1,417	2,276	620	612		1		3	3		68	
	매수	1,402	2,295	661	652		1		3	4		25	
	순매수	-16	18	41	39					1		-43	
	(계약)	19,485	13,662	-34,392	-34,383			-13	10	-6		1,245	
주식선물	매도	216,929	57,280	26,399	20,462	17	5,613			307		20,468	
	매수	229,076	51,451	21,155	16,365	17	3,814			959		19,394	
	순매수	12,147	-5,829	-5,244	-4,097		-1,799			652		-1,074	

대금과 주식수가 많은 대형주 위주로 매매한다.

개인투자자들은 시장의 에너지가 부족할 때에 우량주보다는 규모가 작은 중소형주 및 개별주 쪽으로 매매를 하는 것이 매우 유리하다.

현 시장의 위치 파악

전세계 시장의 흐름을 살피며 상승흐름을 지속하는지 하락흐름을 지속하는지를 체크하고 정배열과 역배열 상태에 있는 나라들도 체크해야 한다.

조셉 그린빌의 법칙

조셉 그린빌의 법칙을 이용해 현 시장의 위치 및 종목 대응법을 알아보자. 200일선은 그린빌의 법칙이라고 할 수 있다. 비행기가 이착륙하듯이 주가도 200일선을 기준으로 이착륙을 하기 때문에 활주로라 명명했다.

봄이 왔는데 꽃샘추위가 왔다고 해서 도로 겨울로 돌아가지 않는다. 시장시계의 지표는 어떠한 사건 사고가 일어난다 하더라도 되돌리지 못한다. 고로 자연의 법칙이다.

엘리어트 파동

엘리어트 파동은 현 시장의 위치를 파악할 수 있는 지도와 같은 역할을 한다. 엘리어트는 "주가는 상승 5파와 하락 3파에 의해 끝없이 순환한다"고 주장했다. 실제로 엘리어트는 자신의 이론으로 1937~1938년 사이의 월스트리트 폭락을 정확히 예측했다. 게다가 그의 이론을 연구한 해밀턴 볼튼은 1966년 다우지수가 525선까지 하락할 것이라고 예측해 그대로 맞추었다. 이처럼 역사적으로 검증이 됐으니 엘리어트 파동은 실전매매에서 신뢰하고 이용할 수 있다.

호재, 악재 중 어느 쪽이 잘 반영되는지를 관찰하라

지속적인 악재가 나오는데도 불구하고 주가가 하락하지 않는다면 조만간 저점구간인 바닥이 찾아온다. 반면에 호재가 계속 나오는데도 불구하고 주가가 상승하지 않는다면 조만간 고점을 찍고 하락한다.

해외시장의 정배열, 역배열 여부

우리나라 시장은 이미 글로벌 시장으로 변모했기 때문에 해외시장의 영향을 많이 받는다. 그러므로 전세계 시장의 흐름을 살피며 상승흐름을 지속하는지 하락흐름을 지속하는지를 체크하고 정배열과 역배열 상태에 있는 나라들도 체크해야 한다.

차트 31 나스닥 정배열

차트 32 브라질 역배열

신고가 나는 업종에 돈이 있다

신고가란 전 고점을 뚫고 과거에 없었던 최고가를 기록한 것을 말한다. 시세의 긴 흐름에서 볼 때 신고가의 출현은 본격적인 상승 신호인 경우가 많으므로 신고가 종목은 예의 주시할 필요가 있다.

 한스바이오메드

코스피 PER 기준

IMF 이후, 소비진작을 위해 정부에서 신용카드 발급 문턱을 낮게 설정하였고 이로 인해 무분별한 카드발급의 결과 카드연체비율 및 금액이 치솟았다.

이 때문에 2003년도 당시 상당수의 카드사들이 적자에 시달려야만 했고 특히 당시 시장점유율 1위 카드사였던 LG카드는 연체대금이 과도해 대기업조차 감당하지 못할 만큼 부도위기를 맞았었다.

카드사태 이후 코스피 PER

2003/09	8. 45
2003/08	9. 71
2003/07	9. 12
2003/06	8. 03
2003/05	7. 58
2003/04	7. 17

2005년 초 북한 외무성이 핵보유를 선언하면서 코스피 PER가 저평가 국면인 7배에 도달하며 절호의 매수기회를 주었다.

북한 핵보유 선언 이후 코스피 PER

2005/10	9. 24
2005/09	9. 76
2005/08	8. 68
2005/07	8. 89
2005/06	8. 15
2005/05	7. 84
2005/04	7. 37

글로벌 금융위기는 2008년 9월 미국 투자은행 리먼브라더스 파산으로 시작되었으며 이는 미국 역사상 최대 규모의 기업 파산이었다.

리먼브라더스 파산은 서브프라임모기지(비우량주택담보대출)의 후유증으로, 우려만 무성했던 미국발 금융위기가 현실화된 상징적인 사건이었다. 리먼사태는 악성 부실 자산과 부동산 가격 하락으로 가치가 떨어지고 있는 금융상품을 과도하게 차입해 발생했다. 리먼 사태의 영향으로 우리나라를 비롯한 전세계로 위기가 확산되면서 코스피 PER이 8배에 도달하여 역시 절호의 매수기회를 주었다.

리먼사태 이후 코스피 PER

2009/03	9. 01
2009/02	8. 47
2009/01	9. 26
2008/12	8. 99
2008/11	8. 57
2008/10	8. 84

주도주

주도주란 무엇인가?

주도주란 시장을 이끌어가는 업종이나 종목을 말한다. 길게는 수년 동안 큰 시세를 분출하고, 짧게는 수개월 동안 강한 상승을 이뤄낸다.

주도주는 경기 사이클과 동행하는 특징이 있다. 경기가 살아나면서 주도주가 부각이 되고 경기 사이클이 끝날 때까지 주도주의 상승이 이어진다.

정책과 깊은 연관성을 맺고 있다

주도주는 정책과도 깊은 연관이 있다. 현 정부가 중점적으로 시행하는 정책은 수년에 걸쳐 지속적인 투자가 이뤄지므로 주도주로 부각될 가능성이 크다. 따라서 현 정부의 특징과 주요 정책을 파악해야 하고, 정책과 관련해 새로운 입법이 어떻게 일어나는지도 잘 관찰해야 한다.

주도주는 미국의 정책 사이클과도 관계가 있다. 미국의 정책은 전세계에 막대한 영향을 미치기 때문에 국내증시도 미국의 정책 변화에 따라 주도업종이 재편되는 경향이 매우 강하다.

종합주가지수는 주도주와 동행한다

주도주는 강하고 오랜 기간 상승하는 특징이 있다. 상승은 길고 조정은 짧아 투자자에게 큰 수익을 안겨준다. 투자자와 애널리스트, 증권전문가들이 주도주를 찾기 위해 안간힘을 쓰는 이유가 바로 여기에 있다. 어떤 업종이 차기 주도주가 될 것인가는 언제나 증권가의 화두이다.

주도주는 시장을 이끌어가므로 주도주가 상승하면 지수도 오르고 주도주가 하락하면 지수도 내린다. 주도주는 상승장에 나타나며 주도주의 상승세가 다하면 지수도 하락추세로 전환된다.

주도주 공략법

주도주는 매매하지 않더라도 항상 관심종목으로 편입해 시장흐름을 체크해야 한다. 전고점 돌파 후 눌릴 때가 매수 기회이다. 주도주라고 해서 조정 없이 매일 상승하지는 않는다. 급격한 상승 후에는 반드시 조정구간을 거치기 마련이다. 최적의 매수 시점은 음봉 2~3개로 하락하면서 거래량이 감소할 때이다. 이때를 이용해 주도주를 매수해야 한다.

주도주는 전고점을 강하게 돌파한 주가가 음봉을 보이면서 20일선에 근접했을 때 매수해야 한다. 장대양봉으로 급등하면 가급적 추격매수는 자제해야 하며, 전고점을 강하게 돌파한 후 20일선 눌림목에서 안전하게 주도주를 편입하는 것이 좋다.

테마주

테마주의 상승은 주도주에 비해 일시적인 경향이 높다. 하지만 상승 폭발력이 매우 강해 개인투자자들이 무척 선호한다. 실적이 뒷받침된 테마주는 수익내기 쉽지만 기대감만으로 급등하는 테마주는 결국 급락하므로 매매를 자제하여야 한다.

대장주 위주로 매매

테마주는 보통 3~5개, 많게는 수십 개 종목으로 묶여 비슷한 방향성을 가지며 상승과 하락을 반복한다. 이 중 테마를 선도하는 종목을 대장주라 하며, 대장주의 방향에 따라 테마주의 생명이 결정되는 경우가 많다. 대장주는 상승률도 가장 강하며 조정 시 하락률도 가장 적기 때문에 테마주에 투자하려면 대장주에 투자하는 게 좋다.

정부정책을 연구하라

각 정권마다 추진하는 정책에 따라서 그 업종에 돈을 투자한다. 예를 들어 김대중 정부시절에는 IT에 노무현 정부시절에는 조선주, 중공업주에 집중투자를 하였으며 이명박 정부시절에는 4대강 정책을 추진하였다. 현 박근혜 정부는 10대 미래기술에 8조 5천억원을 2017년까지 투자한다는 발표가 있었다. 미래창조과학부를 신설하고 중소기업 및 IT 융합기술에 집중투자한다고 밝힌 바 있다.

사람들은 말한다.
그때 참았더라면, 그때 잘했더라면 ,
그때 알았더라면, 그때 조심했더라면,

훗날엔 지금이 바로 그때가 되는데,
지금은 아무렇게나 보내면서
자꾸 그때만을 찾는다.

이규경−짧은 동화 긴 생각 중에서

| 6장 |

주식은 시대의 흐름

1 부모가 자녀에게 꼭 들려주어야 할 금융교육

 금융교육은 빠르면 빠를수록 좋다. 그러므로 될 수 있으면 조기에 깨닫게 만드는 게 부모가 2세에게 해줄 수 있는 부의 자산이라고 생각한다.

우리는 평생 살아가면서 돈과 동고동락하는 삶을 영위하고 있다. 돈의 생성 원리부터 시작해서 돈이 돌아가는 시스템을 완벽히 알지 못하면 자본주의 의 경쟁 시스템에서 낙오되어 고달픈 삶을 살 수밖에 없다.

여러분의 자녀가 어떻게 살기를 원하는가?

당신의 자녀가 돈을 많이 벌어서 행복하고 멋진 삶을 살기를 원하면 어려서부터 자본주의의 돈에 대한 교육이 필수이다. 자본주의 시스템은 경쟁하는 시스템이다. 자본주의를 모르면 낙오되어 힘든 삶을 살 수밖에 없는 구조인 것이다.

앞으로는 금융 자본주의의 돈을 모르고는 살아남을 수 없다. 미래사회는 돈에 대해 무지할수록 더욱 치명적인 결과를 낳을 수 있다.

금융교육은 빠를수록 좋다

금융교육은 빠르면 빠를수록 좋다. 그러므로 될 수 있으면 조기에 깨닫게 만드는 게 부모가 2세에게 해줄 수 있는 부의 자산이라고 생각한다.

재산을 물려주기보다는 돈을 벌어서 저축하고 소비하고 투자하고 나누는 방법에 대해서 금융교육을 시켜야 한다.

돈에 대한 가치관, 사용법과 더불어 새로운 경제 감각이 절실히 요구된다. 우리나라 부모들은 자녀교육을 위해서는 세계 최고의 교육열을 자랑할 만큼 교육을 위해서는 헌신적으로 모든 것을 다해왔다.

하지만 정작 인생을 살아가는 데 꼭 필요한 금융자본주의 핵심인 '돈' 교육에는 인색한 것이 현실이다. 유교문화권이었던 우리나라는 돈에 관한 교육은 좀 더 성장한 다음에 해야 한다거나, 돈을 너무 일찍 알면 오히려 나쁘다고까지 생각하고 금융교육에 소홀히 해왔던 경향이 있다. 예전의 우리나라 부모들은 돈에 대해 이야기하는 것을 터부시했다. 나중에 배우겠지 하고 미루기도 하고 정작 본인도 금융지식이 부족했기 때문에 자녀에게 금융교육을 어떻게 해야 할지 무지한 경우가 대부분이었다.

나 또한 부모님으로부터 금융에 대한 교육을 받은 적이 없다. 돈을 벌기 위해서는 노력을 많이 했지만 관리하는 법을 배우지 못했기에 많은 시행착오를 거치며 돈의 관리와 중요성을 몸소 깨우쳤다. 금융에 대한 교육을 청소년기나 그 이전에 받았더라면 현명하게 소비하고 저축하고 투자하여 돈으로 인한 고통은 없이 살았을 텐데 하는 아쉬움을 많이 느꼈다.

그래서 자녀에게는 소득이 생기면 현명한 소비와 투자를 할 수 있도록 금융교육을 해주고 있다.

성공한 사람일수록 아이들과 돈에 대해 자주 이야기한다. 부모가 아니면 아무도 가르쳐주지 않으며 궁극적으로 자녀들이 경제적으로 성공하는 데 큰 도움이 되는 것이기 때문이다.

주식계좌를 만들어 경제감각을 키워주어라

자녀에게 체계적인 금융 및 투자교육을 시켜야 한다. 자본주의의 꽃인 주식은 후에 자산을 불릴 수단이므로 어린 시절부터 경제적 감각을 키워주는 것이 좋다.

산업사회에서는 공부를 잘해서 좋은 대학을 나오면 자동으로 좋은 직장에 들어가고 65세까지 정년을 보장해주는 사회였다면, 이제는 시대가 바뀌었다.

안정적인 직장의 개념이 사라지고 파트타임으로 명함을 여러 개 가지고 다니는 사회가 도래하고 있기 때문이다.

이러한 사회적 시대의 흐름과 함께 월급만으로는 미래가 보장되지 않는 사회이다. 그러므로 재테크의 방법들을 미리 숙지하여 적은 돈이라도 투자하여 돈을 불려 나가는 경제공부가 병행되어야만 시대의 조류에 뒤처지지 않고 살아갈 수 있다.

강의중에 즐겨서 사용하는 말이 있다. "돈이 나를 위해서 일하게 하라. 내가 일해서 버는 돈은 일부분이다. 투자를 해서 돈이 돈을 벌게 하면 내가 굳이 일을 안 해도 혹은 쉬는 시간에도 돈은 불어난다. 부자가 되려거든 부자가 행한 방법을 따라가라." 이것이 바로 부자가 되는 시스템인 것이다.

자녀에게 일정한 용돈을 주어서 그 중 일부는 저축을 하고 소비하는 것을 기록하는 단순한 교육보다는 주식계좌를 만들어서 주식을 사게 하여 좋은 주식과 안 좋은 주식의 흐름을 체크하고 성장성과 안정을 갖춘 기업에 투자하는 습관을 어려서부터 심어주어야 한다. 올바른 투자를 할 수 있도록 주기적으로 체크해 주고 주가가 오르는 이유와 배당도 받는 방법 등 실전적 체험을 하여 부의 가치가 상승하는 방법을 직접 깨닫고 느끼게 해줘야 한다.

　　자본주의는 경쟁하는 시스템이다. 고로 내 자녀가 경쟁에서 뒤처지지 않고 사회에 적응하기 위해서는 어린시절부터 재테크의 수단인 주식에 대해서 공부를 시켜야 한다.

　　더불어 상품, 채권, 환율, 금리 등을 주식과 연동해서 경제 전반의 상황들을 어린시절부터 몸에 체득되게 하여 금융전사로 만들자. 더 나아가서는 부강한 국가가 되고 금융강국으로 가는 데 일익을 담당하게 하자.

　　자녀에게 들려줄 내용을 4가지로 요약하면,

　　1. 소득 : 직업은 어떤 것을 선택

　　2. 재테크 수단 : 주식, 채권, 저축, 상품, 환율 등

　　3. 소비 : 몇%를 소비하고 투자할까?

　　4. 나눔 : Noblesse Oblige의 삶을 살도록 지도한다.

2 100세 시대, 주식투자는 필수이다

 일을 해서 돈을 버는 것은 한정되어 있다. 돈이 나를 위해서 일하게 해야만 부자가 될 수 있다. 그러므로 투자를 통해서 부를 증진시켜야 한다.

2200년 전 진시황은 오래 살고 싶어서 불로초를 구하기 위해 동방으로 남녀를 3,000명씩 파견하였으나 그들은 불로초를 구할 수 없어서 결국은 돌아오지 못했다. 그 불로초가 배꼽밑 3cm에서 발견되었다. 그것이 바로 인간수명 연장의 혁명인 줄기세포이다. 18세기 이전에는 인구의 수명은 20세 전후였으나, 비약적인 산업혁명에 의해서 인간의 수명이 길어지면서 지금은 100세 시대를 바라보는 장수시대로 접어들고 있다. 100세 시대가 우리 눈앞에 성큼 다가와 있다.

선진국에서 중진국으로, 중진국에서 후진국의 나락으로 떨어진 국가들의 예를 보라. 인구고령화를 버티지 못하고 우리나라 경제가 후퇴를 거듭할 수도 있다. 누구도 당신의 인생을 책임져주지 않는다. 오직 스스로의 힘으로 계획을 세워 아름다운 인생 항로를 개척해 가야 한다.

지금부터라도 100세 시대를 대비하여 전략을 짜야 한다.

인생설계도면을 그려라

정년이 모호해지고 직업 간 경계가 허물어진 후기 정보화 시대에서는 수입은 일정치 않으면서 수명만 길어져서 경제력이 뒷받침이 안 되면 말 그대로 고통스러운 노후를 맞을 수도 있다. 오래 사는 것도 중요하지만 경제력 바탕 위에서 건강하고 행복한 삶을 영유해야만 진정한 100세 시대를 살고 있다고 할 수 있을 것이다.

그러므로 주식은 선택이 아닌 필수사항이 되었다. 1차 산업과 2차 산업이 성장하는 산업구조에서는 부동산과 저축이 재테크의 일익을 담당하지만, 1차 산업과 2차 산업이 떠난 후 산업화가 고도화 되는 선진국에 진입하면 필히 신산업과 성장이 이루어지고 있는 주식에 투자해야만 실질마이너스 금리시대에 현명한 투자방법이 될 것이다.

후기 정보화시대에서는 노후에 100세를 준비할 것이 아니라 젊어서부터 준비를 해야 한다. 길을 떠날 때도 정한 목적지에 무엇을 타고 갈지 선택을 해야 하고, 빌딩을 지을 때도 설계도면이 있다. 우리도 100세 시대에 대비하여 목적지를 어떻게 갈지에 대해서 인생설계도면을 그려야 할 것이다. 소득, 소비, 재테크, 나눔 등을 어떻게 가져갈 것인지 지금 바로 이 순간 인생설계 도면을 그려보라.

투자가 답이다

나이가 들면 명예퇴직, 정년퇴직으로 일선에서 물러설 수밖에 없다. 고물가와 자녀들의 뒷바라지 속에 자신의 인생플랜은 준비하지 못하고 노후를 맞고 있는 것이 현실이다.

60대 이후에는 일을 하고 싶어도 직장을 구하지 못하고 남은 시간을 취미생활로 보낼 수만도 없는 노릇이다.

그러나 주식은 평생직장이다. 누구도 은퇴를 강요하지 않는다. 또한 연륜에서 오는 경험과 신중함이 더해져 현명한 투자자의 길로 접어들 수 있다.

100세 시대를 맞아 든든한 노후의 대비책으로 주식투자는 필수이다. 첫 투자금이 적다 할지라도 배당과 시세차익을 얻으며 복리로 불어나는 금액은 일반인의 상상을 초월한다. 1000만원으로 매년 2배의 수익을 내면 10년 후에는 100억이 넘는 큰돈이 된다. 이것이 바로 눈덩이처럼 불어나는 복리의 효과이다.

일을 해서 돈을 버는 것은 한정되어 있다. 돈이 나를 위해서 일하게 해야만 부자가 될 수 있다. 그러므로 투자를 통해서 부를 증진시켜야 한다.

전문가와 함께 하라

짧은 기간에 시행착오를 거치지 않고 올바른 투자자가 되는 지름길이 있다. 목돈을 한 번에 투자하기가 부담이 될 때도 유용한 방법이다. 바로 투자의 멘토를 두는 일이다.

모든 분야에는 전문가가 있기 마련이다. 우리 인생이 유한한데 모든 것을 배워서 전부 잘하기란 어려운 일이다. 내가 직접 부딪쳐 잃으면서 고통받는 과정을 생략하고 주식시장에서 오랜 경험과 경륜을 갖추고 실력이 검증된 전문가의 도움을 받는 것이 편안하게 수익 구조로 만드는 방법이다.

프로스포츠 선수를 보더라도 혼자의 힘으로 한 것이 아니라 뒤에서 도움을 주고 있는 감독이나 코치가 있다. 그렇듯이 모든 것을 잘 하기 위해서는 거기에 걸맞은 유능한 멘토를 두어야 한다.

3 미래를 알아야 주식이 보인다

세계의 역사를 바꿔온 것은 신기술의 발명으로 신기술을 선점하는 나라가 세계의 패권국으로 지위를 누려왔다. 다가올 미래를 선점하려면 세상을 바꿀 신기술을 면밀히 관찰해야 한다.

인류는 최초 불을 사용하여 음식을 익혀먹는 시대에서 신석기 시대의 농경과 목축으로 식량을 생산하는 제1의 농업혁명을 거쳐 1850년대에는 산업혁명을, 1980년대에는 IT혁명을 거쳐 후기 정보화시대로 접어들었고 현재 제4의 물결이 진행중이다.

15세기는 항해시대로 포르투칼은 1450년부터 약 80년간 항해기술로 바다를 정복하여 세계를 지배하였고 스페인, 네덜란드 프랑스를 거쳐서 영국이 산업혁명을 일으켜 돈과 자원으로 전세계를 지배했고 1차대전과 2차대전를 겪으면서 미국이 패권국으로 세계를 지배해 왔다.

그러나 21세기 미국의 기축 통화가 흔들리면서 최고의 안전자산으로 여겨졌던 미국 국채의 권위까지도 흔들렸고 유럽연합도 재정위기에 흔들리고 있다.

세계의 역사를 바꿔온 것은 신기술의 발명으로 신기술을 선점하는 나라가 세계의 패권국으로 지위를 누려왔다.

세계적 기업마저 당장 내일을 기약하기가 어려운 상황에서 하루에도 세상을 바꿀만한 새로운 기술들이 쏟아지고 있다. 현재를 잘 살펴보고 미래를 대비하는 것은 우리의 후손들에게 지금보다 더 나은 부강한 나라를 물려주기 위함이다.

다가올 미래를 선점하려면 세상을 바꿀 신기술을 면밀히 관찰해야 한다. 미래에 돈이 투입될 신기술에 대해서 알아보자.

사물 인터넷

10년 후의 미래를 가장 크게 변화 시킬 신기술 중 하나는 바로 사물 인터넷이다.

사물 인터넷은 인터넷을 기반으로 사물은 물론 사람, 데이터, 프로세스에 모든 것을 서로 연결시켜 사람과 사물, 사물과 사물 간 정보를 실시간으로 음성과 데이터를 상호 소통하는 첨단 지능형 기술과 인터넷에 연결된 기기가 사람의 개입 없이 상호간에 알아서 정보를 주고받아 처리하는 서비스를 말한다.

지금까지는 사람이 네트워크가 연결된 기기를 찾아서 이용하는 시대였다면 이제는 네트워크가 연결된 기기가 사람을 따라다니는 세상이다.

사물인터넷(IoT) 다보스포럼에서 발표된 보고서를 통해 빅데이터, 클라우드 컴퓨팅, 모바일, 사물인터넷 등을 통해 2020년까지 최소 9조 6000억

달러에서 최대 21조 6000억 달러 규모의 경제 효과가 창출될 것으로 예상된다고 밝혔다.

유비쿼터스 개념을 최초로 주장한 마크 와이저는 컴퓨터 칩은 싼 가격에 대량으로 생산되어 옷, 가구, 벽, 사람의 몸에도 이식되어 종이처럼 흔한 세상이 될 것이라 말했다.

칩은 벽지, 스크린, 광고판, 안경처럼 어디에나 존재하며 벽면 스크린을 향해 한마디만 하면 컴퓨터는 전세계에 있는 사람들과 인터넷으로 연결되며 가족, 친구들과의 만남도 벽지 스크린을 통해서 이루어질 것이라 말하고 있다.

웨어러블(입는) 컴퓨터는 미래에는 방과 욕실에 달린 거울이나 평소 입는 옷에도 DNA칩이 달려 있어서 수백 개에 불과한 암세포까지 찾아낼 수 있게 되며 옷에 달려 있는 센서가 심장박동과 호흡은 물론 뇌파까지 체크하고 있기 때문에 옷을 입고 있는 한 건강도 자동으로 체크가 되는 방식이 된다.

현재의 칩은 쌀 한 톨만한 크기로 TV카메라와 라디오를 장착할 수 있는 수준까지 와 있다.

미래에는 원거리 화상회의도 모니터에 얼굴만 뜨는 것이 아니라 입체영상 컴퓨터 기술을 이용해 콘텍트렌즈, 안경, 벽지스크린을 통해 구현하게 될 것이며, 거실 벽지를 완전히 덮을 정도의 큰 평면TV도 아주 싼 가격에 판매되어 대중화가 될 것이다.

벽지 스크린에 OLED를 사용하면 종이처럼 얇게 만들 수 있고 버튼만 누르면 벽지의 무늬가 바뀌어 인테리어를 새롭게 한 감각도 쉽게 느낄 수 있게 된다.

홈시스템은 기업에서 생산되는 물건에 지능을 추가한 것으로 그 중 자동차, 냉장고, 세탁기 같이 값비싼 가전뿐만 아니라 누구나 물건을 만들어 연결하면 모든 물건과 연결된다.

인류의 삶을 변화시킨 컴퓨터는 미래에도 신기술을 앞세워 우리의 삶을 획기적으로 업그레이드 시킬 것이다.

사물 인터넷과 관련된 신기술 종목들은 미래의 꿈으로 투자자들에게 부를 안겨주는 종목군이 될 것이다.

무인 자동차

글로벌 자동차업계의 최대 이슈는 눈앞에 다가온 무인 자동차이다.

무인 자동차는 운전자 없이 컴퓨터 조작만으로 스스로 위치와 상황을 감지해 속도와 조향을 제어하는 자동차이다.

예전에 미래첨단 영화에서나 보았던 장면들이 현실로 나타나 삶이 편리해지는 무인자동차 시대는 앞으로 몇 년 안에 도래할 것이다.

무인자동차 개발 선두업체인 구글은 스스로 주변 물체와의 거리를 감지하는 '레이저센서'와 '전방 주시 카메라' 등 첨단 장치 덕에 운전자가 없어도 주행이 가능하며 또한 핸들을 잡으면 일반 자동차처럼 수동 운전도 가능하다며 오는 2016년이면 무인 자동차를 상용화할 수 있을 것이라 밝혔다.

150m 떨어진 곳의 신호등까지 감지할 수 있는 카메라와 GPS를 탑재해 자동으로 조작되는 사실상의 무인차다. 운전자가 없는 상태에서 자동 주차하는 무인차 기술과 운전자 얼굴 인증 및 상태를 감지해 졸음을 막아주는 DSM 시스템도 선보였다.

현재는 미 국방성의 전투 차량부터 상용화가 추진되고 있다. 우리나라도 2020년까지 상용화를 목표로 현대차, 카이스트 등에서 연구, 개발중이다.

미래의 자동차는 장애물이나 교통체증 같은 위험요소를 미리 감지하여 교통사고를 미연에 예방할 수 있으며 무인자동차를 운전하며 웹서핑과 인터넷, 영화감상이 가능하여 시간을 효율적으로 사용할 수 있게 될 것이다.

IT와 자동차 간의 융합사례가 무인자동차이다.

무인자동차가 보급화 되면 지금은 자동차를 구입하면서 동시에 가입하는 자동차 보험업은 규모가 축소되거나 없어질 수도 있을 것이며 버스, 택시, 트럭을 비롯하여 운전업에 종사하는 사람들은 직장을 잃게 될 것이다. 이처럼 미래를 내다보면 성장하는 산업과 후퇴하는 산업을 가리는 혜안이 생긴다.

로봇

20년 내 현재 직업의 47%가 사라진다. 경제신문에 따르면 로봇의 발전으로 많은 직업이 없어지고 그 자리를 로봇이 대체한다고 보도되었다.

로봇은 주어진 일을 자동으로 처리하거나 작동하는 기계로 앞으로는 로봇이 인간의 일을 대체하고 능가하는 세상이 펼쳐질 것이다.

로봇이 삶의 곳곳으로 파고 들어와 직업뿐만 아니라 가사, 의료, 생활, 전쟁, 농업, 우주산업 등 전 분야에 걸쳐서 인간과 뗄 수 없는 필요불가분의 관계를 맺을 것이다.

2014년 현재 두 발로 걸을 수 있고 사람처럼 감정 표현까지 가능한 '키보'를 비롯, 영어교육 로봇 '잉키'와 안내는 물론 음악에 맞춰 공연을 펼칠 수 있는 고정형 얼굴 로봇 '메로', 샐러드를 만들 수 있는 주방 로봇 '시로스' 등 다양한 로봇이 개발됐다.

실벗은 이 가운데 가장 먼저 상용화될 로봇이다. 노인과 장애인의 걷는 것을 도와주고 옷처럼 입는 근력 보조 로봇, 두 팔로 옮겨주는 로봇, 대화를 해 주어 치매를 예방해주는 로봇 등 노인 도우미 로봇이 개발되고 있다.

로스피어라는 센서를 단 농사로봇이 개발되었다. 로스피어는 작물 수확량을 개선하고 농민을 돕기 위해 토양의 수분 함량, 온도, 화학비료 등을 측정하기 위한 여러 센서를 갖춘 로봇이다.

과거에는 사람의 몸을 수술하려면 의사가 직접 내부를 들여다볼 수 있을 정도로 절개한 뒤 수술해야 했지만, 로봇 기술이 발전하면서 수술 부위를 최소한으로 하여 수술할 수 있게 되었다. 또 로봇 팔의 관절은 사람의 손보다 가늘고 $360°$로 회전할 수 있기 때문에, 의사의 손이 잘 닿지 않던 미세한 부위까지 수술할 수 있게 되었다.

로봇 수술은 전립선이나 갑상선 같은 작은 기관의 수술을 위해 도입되었지만, 사람이 직접 하는 수술보다 출혈이 적고 수술 자국이 작게 남기 때문에, 최근에는 위나 간 등 내장기관 수술에서 인공관절 수술까지 다양한 범위에서 이용되고 있다.

로봇산업을 유형별로 살펴보면

- 의료 로봇 : 병원균, 암세포 및 불치병치료, 간병로봇, 의사로봇
- 전쟁 로봇 : 곤충, 무인정찰기, 짐나르는 로봇, 무인병사 등 사람을 대체해서 전쟁

- 산업 로봇 : 사람의 일자리를 로봇이 대체
- 생활 로봇 : 청소기, 냉장고, 가사도우미, 댄스로봇, 애완용로봇
- 영농 로봇 : 농작업 자동화, 인체에 해로운 농약을 뿌리는 로봇

그 외 교육로봇, 해저로봇, 가사로봇 등이 있다.

로봇은 고된 노동을 대신하면서 인간을 노동에서 해방시켰으며 로봇산업은 인간보다 더 똑똑한 지능을 가진 인공지능으로까지 발전하고 있다.

나노

나노기술은 물질을 나노미터(1나노미터는 10억분의 1m로 머리카락의 10만분의 1크기) 크기의 범주에서 조작, 분석하고 제어함으로써 지금까지의 기술적 한계를 뛰어넘는 물리, 화학, 생물학적 소재의 새로운 신기술이다.

전기전도율이 구리와 비슷하고 열전도율은 다이아몬드와 같으며 철보다 강도가 100배나 강하다.

나노기술은 바이오센서, 의료, 에너지, 암을 치료하는 로봇, 우주승강기 및 환경기술과 함께 21세기를 선도할 새로운 기술혁명으로 각광받고 있다.

특히 나노기술은 바이오기술과 융합해 단백질, 세포 등 생명체의 근원을 이루는 생체분자들을 분석함으로써 질병예방, 노화방지, 난치병 치료 등 건강은 물론 생명연장의 꿈도 실현시킬 것이다.

바이오, 나노, IT, 로봇 기술이 융합하여 뇌 공학, 신경신호처리, 나노바이오센서, 해양미생물 에너지전환, 물리공학, 화학생물 등의 다양한 영역

에 응용하기 위해 나노기술과 융합이 이루어질 것이다.

2010년 5530억 달러이던 규모가 2020년에는 2조 5000억 달러에 달할 전망이며 우리나라의 나노 기술력은 미국, 일본, 독일에 이어 세계 4위 4. 5% 수준이다.

정부는 (IT). (BT). (ET) 등 3대 융합을 중심으로 나노기술 상용화를 추진하고 있다.

나노제품 활용은 신재생에너지, 로봇, 신소재, 나노융합, 바이오 등 산업 전반에 적용 가능하며 이로써 나노혁명의 시대가 도래할 것이다.

탄소 나노 튜브

탄소는 6개로 이루어진 육각형 모양이 서로 연결되어 관 모양을 이루고 있다. 전기 구도가 구리와 비슷하고, 열전도율은 자연계에서 가장 뛰어난 다이아몬드와 같으며, 강도는 철강보다 100배나 뛰어나다.

이 같은 우수한 성질은 반도체와 평판 디스플레이, 연료전지, 초강력섬유, 생체센서 등 다양한 분야에 두루 활용되는 만능소재로 불린다.

탄소나노튜브의 지름이 얼마나 되느냐에 따라 도체가 되기도 하고 반도체가 되는 성질이 있음이 밝혀지면서 차세대 반도체 물질로 각광을 받고 있다.

고무줄 같은 전자소자를 국내 연구진이 주도한 국제 공동 연구팀이 꿈의 신소재로 불리는 그래핀과 탄소나노튜브를 이용해 크기가 늘어나는 전자 소자를 개발했다.

몸에 붙이는 파스처럼 크기를 20% 가량 늘리는 것이 가능해 접이형 컴퓨터나 피부에 붙이는 센서 등 다양한 분야에 활용될 것으로 기대된다.

이 전자소자는 주름이 펴지면서 최대 20%까지 늘어나면서도 전기적 성질을 잃지 않으며 산화막에 형성된 주름은 자연적으로 만들어졌기 때문에 여러 방향으로 늘리는 것도 가능하다. 접이형, 의복형 컴퓨터나 피부에 붙이는 센서 등 전자소자가 우리 생활 곳곳에 활용될 수 있는 가능성을 열었다.

그래핀과 카르빈도는 차세대 신소재로 탄소나노튜와 탄소 섬유에 이어서 꿈의 나노신소재로 기존의 철강산업을 대체 할 날이 얼마 남지 않았다.

탄소 섬유

탄소 섬유는 강철보다 10배 강하고 무게는 1/5로 100%에 가까운 탄소원자로 구성된 꿈의 신소재이다.

탄소 섬유는 가격이 비싼 탓에 1970년대 첫 상용화가 된 이후 비행, 스포츠카, 스포츠 용품 등 특수제품에만 사용되어 왔다.

효성이 세계 최초로 고분자 신소재 폴리케톤 개발에 성공했다. 폴리케톤은 기존 소재 대비 내충격성, 내화학성, 내마모성 등 물성이 우수해 자동차, 전기전자 분야의 내외장재, 연료계통 부품 등 고부가 엔지니어링 플라스틱 용도로 적용 가능하다. 2015년까지 2000억원을 투자해 연간 생산능력 5만t 규모의 공장을 건립할 계획이다.

탄소섬유 가격은 현재 kg당 20달러에서 앞으로 절반 이하로 떨어지면 탄소섬유 대중화가 일어날 것이다.

현재 일본과 미국이 독점하고 있으며 2012년에 탄소섬유 수요량은 5만 t(약 20억달러)에서 2020년엔 13만t으로 급증할 것으로 전망되고 있다.

주식투자를 하는 사람들은 미래에 올 혁명적 신기술을 공부해야 하며 다가올 미래의 변화를 미리 감지하면 부의 지도를 직접 그릴 수도 있다.

탄소섬유 사용처

- 항공 : 비행기 주 날개, 동체, 전투기, 인공위성
- 자동차 : 레이싱카 차체, 천연가스, 수소자동차의 연료탱크, 초고속열차
- 에너지 : 풍력 블레이드, 원유시추 파이프
- 스포츠 : 낚싯대, 골프채, 요트, 하키스틱
- 토목 : 빌딩, 아파트 등 건축재료 보강재, 토목용 기초재료, 내진설계
- 전자 : 노트북 등 외장채, 정밀가공기기
- 의약 및 기타 : X레이 투과장치, 인공관절 보조기, 바닥용 전기히터

바이오

지금 우리는 바이오 혁명의 시대에 살고 있다. 병에 걸리지 않고 오래 살고 싶다는 바람은 불변의 꿈으로 이어져 왔고 영국의 세균학자 플레밍의 페니실린 발견과 생명과학, 유전공학 등의 비약적인 발전으로 인해 평균수명도 획기적으로 늘어났다.

미국에서 세계 최초로 인간배아복제에 성공했고 인간의 DNA 유전자 정보를 담은 인간게놈지도가 완성되었다.

이로써 각종 질병을 유발하는 유전자, 노화촉진 유전자 등 그동안 인류를 괴롭혀 온 각종 난치병들을 치료할 수 있는 길이 열렸다.

2015년이면 암에 관한 모든 유전정보가 밝혀져 암을 완치할 수 있으며, 후천성면역결핍증, 인공자궁, 유전자 치료, 인간게놈 프로젝트 등도 필수적인 생명연장 수단으로 평가받고 있다.

미 오바마 대통령은 향후 10년간 3조원을 투자하여 인간 두뇌 지도를 만드는 것으로 알려졌다.

이 프로젝트는 알츠하이머병이나 파킨슨병과 같은 불치의 뇌질환을 연구하고 관련된 핵심 기술을 개발하는 데 새로운 길을 열어줄 것으로 기대되고 있다.

다양한 정신질환 치료법을 찾아내는 데도 기여하는 것은 물론 인공지능 발전에도 길을 터줄 수 있을 것으로 예상되고 있다.

지금 현재 우리나라의 평균적인 수명이 80세인데 향후 지속적인 나노 바이오 기술이 발전하면 한 알의 약으로 100년을 살 수 있는 시대가 도래하고 아마도 영원히 죽지 않는 시대가 올지도 모른다.

미래학자들은 2030년이 되면 인간의 수명이 150살 정도 될 것이라 말하고 있다.

그러므로 주식을 하는 투자자라면 반드시 바이오 신산업 종목에 관심을 기울여야 할 것이다.

외국계 금융기관에 의하면 2050년도에 우리나라가 세계 5위 경제대국이 되는데 바이오가 이를 이끌 것이라 분석하고 있다. 우리나라의 바이오는 2003년부터 2005년까지는 씨앗을 뿌려놓고 이후에는 열매가 맺히는 과정으로 진행되고 있다. 그러므로 투자자들은 바이오업종에 일정 부분은 필히

투자해야 할 것이다.

에너지

전세계의 인구가 2050년까지 20억명 증가할 것이 예상되므로 36년 이내에 전기 생산은 인구가 증가하는 만큼 늘어나야 한다.

바야흐로 에너지 전쟁의 시대가 도래했다. 세계 각국은 안정적인 석유와 천연가스 확보에 총력을 기울이며 화석연료를 대체할 새로운 에너지를 연구하고 있다.

연구 분야는 '핵융합에너지', '스마트그리드', '지구 궤도에 태양광발전 위성을 띄워 태양에너지를 지구로 보내는 우주 태양광발전소' 등 에너지 꿈의 기술이 연구중에 있다.

핵융합 발전소 1기만 있으면 우리나라의 모든 화력발전소, 원자력발전소, 풍력, 수력발전소는 가동을 안 해도 될 정도이다. 그만큼 무궁무진한 에너지를 친환경적으로 생산할 수 있다.

핵융합에 쓰이는 원료는 중수소와 삼중수소다. 이는 지구면적의 70%를 차지하는 바다에서 손쉽게 구할 수 있다. 바닷물은 수소가 풍부하므로 에너지원으로써 사용하면 화석연료의 대안으로 미래가치가 높은 자원이다.

이산화탄소를 배출하지 않아 환경오염과 지구온난화 문제를 야기하지 않으며 유해한 방사능은 제로에 가깝다.

21세기 중반이 되면 핵융합이라는 새로운 에너지원이 에너지시장의 판도를 바꿀 것으로 예상된다.

모든 에너지의 근원은 태양인데 태양열로 광합성을 한 풀이 에너지원이었다면 이후에는 풀과 나무 등이 퇴적현상이 되어 석탄과 석유가 만들어졌고 석탄과 석유를 사용하여 전기를 만들던 에너지원에서 미래에는 자기의 새로운 에너지시대가 열릴 것이다.

전기시대의 종말과 더불어 자기의 시대가 도래하면 화석연류를 쓰던 모든 차는 자기력으로 공중에 뜬 채로 이동하게 되어 지면과 마찰이 거의 없으므로 에너지 사용도 급격히 줄어들 것이다.

기존에 핵 분열에너지와 화석연료의 주식이 각광을 받았다면 미래에는 융합에너지, 자기, 수소에너지, 바이오에너지, 태양광발전 등 청정에너지들이 기존의 화석연료주들을 대신할 것이다.

이처럼 전세계의 국가들이 대체에너지에 절대적인 관심을 보이는 이유는 화석연료는 고갈되고 인구증가와 함께 에너지 사용량은 급격하게 늘고 있기 때문이다.

에너지 관련주로 융합에너지, 스마트그리드, 수소, 전기차 등에 관심을 기울여야 할 것이다.

3D프린팅

제3의 산업혁명의 기술로 이끌 분야 중 3D프린팅이 이번 세계최대 가전쇼(CES2014)에서 가장 많이 주목받은 신기술이었다. 3D프린팅은 프린트 노줄로 합성수지 등을 분사해 층층히 쌓아올리는 방식으로 부품이나 완제품을 만들어내는 신기술이다.

몇 년 전만 해도 먼 미래기술처럼 느껴졌던 3D프린팅은 이번 CES에서 판매가격 500달러 미만의 제품이 공개되는 등 상업화 시기가 빨라지고 있다. 3D프린팅을 둘러싼 혁신은 소재, 프린팅 속도, 프린터 크기와 가격 등에서 동시다발적으로 이뤄지고 있다. 그 중에서도 가능성이 무궁무진한 곳은 소재다. 그동안 일반적인 소재는 ABS, PLA 등 합성수지였으나 범위가 넓어져 3D시스템스가 설탕과 향로 등을 넣어 케이크, 초콜릿을 만들어내는 셰프젯을 전시하기도 했다.

3D프린팅의 활용범위는 광범위하다. 국제우주정거장에 필요한 부품을 만들고, 고장난 기계를 프린트해서 사용할 수 있다면 우주분야에도 획기적인 발전이 이루어질 것이다. 의료분야에서도 각 환자 개인에 맞는 피부에서 장기에 이르기까지 의료제품을 개인 맞춤형으로 3D프린팅을 해서 사용하게 될 것이다.

음식 3D프린팅은 피자, 초콜릿, 케이크와 같은 다양한 음식에 개인별로 맞추어 영양제가 첨가되고 그 사람에게 맞는 칼로리와 건강 밸런스를 맞춤 형태로 발전하여 앞으로 고령화 사회에 노인들의 입맛까지 고려한 음식을 만들 수 있으며, 다양한 사람들의 요구를 만족하는 단계로 발전할 것이다.

3D프린팅 기술은 미국이 주도하고 있다. 전세계 시장 점유율에서 미국은 72.9%, 유럽 10.2%, 이스라엘이 9.3%이다. 우리나라는 아직 걸음마 수준이지만 3D프린팅 시장에 발빠르게 진출하고 있다.

그러므로 3D프린팅은 기존의 대기업 위주의 산업에서 1인 기업 시대로의 새로운 산업혁명을 알리고 있다. 주식으로서는 현재 부각이 되고 있는 로봇이나 소재, 컴퓨터 프린터 및 많은 소재 산업군이 미래의 주식으로써 각광을 받을 것이다.

이외 관심을 가져야 할 미래기술로는 빅데이터, 양자컴퓨터, 비트코인, 뇌공학, 환경, 첨단 바이오 연료 등이 있다. 앞으로 돈이 몰리는 이 업종군을 면밀히 살펴야 한다.

21세기 핵심 키워드

- 슈퍼칩 : 생각하고 판단하는 칩
- 뉴로 컴퓨터 : 가정교사 로봇 등장
- 게놈 프로젝트 : 불로장생의 염원 실현 눈앞
- 광통신 : 꿈의 전송로
- 고온 초전도체 : 반도체에 이은 차세대 핵심소재
- 핵융합 : 인공태양, 인류 에너지 대체
- 마이크로 머신 : 초소형 로봇 인체속 치료
- 지능형 로봇 : 지능 휴먼 로봇
- 지능형 교통 시스템 : 목적지만 누르면 알아서 도착
- 국제 우주 정거장 : 꿈의 우주 기지
- 3D 프린팅: 제조업의 혁명

4 통일 한국은 대박이다

외국의 금융기관이나 투자의 대가들도 한반도의 통일에 관심을 가지고 있으며 통일이 되면 동북아의 중심국으로 급부상할 것이라 전망하고 있다.

세계 금융 중심

조사기관의 보도에 따르면 한반도 통일은 동북아시아가 전세계 금융의 중심지로 도약하는 데도 일조할 것으로 평가되고 있다.

세계 주식시장 규모는 주가 총액 기준으로 미국(약 22조 달러)과 영국(약 4조 달러)이 주도하고 있다. 한국과 중국, 일본 등 동북아 3국은 미국 · 영국의 3분의 1 수준이다. 그러나 남북 경제 통합과 중국의 자본 축적으로 동북아 역내 금융 거래가 늘고 동북아 경제권의 규모가 지속적으로 커진다면 뉴욕 · 런던 금융시장을 넘어설 가능성이 있다는 전망이 나오고 있다.

금융권 관계자는 통일이 되면 북한 개발을 하기 위한 국제기구들의 인프라 자금이 계속 유입될 것이며 글로벌 금융사들도 고수익 투자처를 선점하기 위해 뛰어들 수 있다는 분석이다.

상품투자의 귀재인 짐 로저스는 "내가 한국인이라면 DMZ로 가서 농지를 살 것이다"라고 말했다. 외국의 금융기관이나 투자의 대가들도 한반도의 통일에 관심을 가지고 있으며 통일이 되면 동북아의 중심국으로 급부상할 것이라 전망하고 있다.

동북아, 글로벌 경제 허브로

한반도 통일로 동북아 경제권이 형성되면 동북아 국가 간 무역량은 크게 늘어날 것으로 보인다. 한·중·일 간 자유무역협정(FTA)이 체결되면 현재보다 교역 조건은 1% 정도 개선되면서 3국 간 무역액은 1225억 달러가량 늘어날 것이라고 분석되고 있다. 한·중 간 무역은 지금보다 11.9%가량 늘어나고, 한·일 간 무역은 5.6%, 중·일 간 무역은 8.8% 늘어날 것으로 전망된다. 한국과 일본의 자본·기술력, 중국과 북한의 노동력, 러시아와 몽골의 에너지·자원이 결합하는 효과도 클 것으로 예상된다.

남한은 IT·정보기술과 첨단융합 산업, 북한은 노동집약적 경공업과 화학산업, 중국은 전자·조선·제철·조립산업, 일본은 IT와 부품소재 등 첨단산업, 러시아는 가스·전력 등 에너지와 기초과학 등에 각각 특화하는 '동북아의 수직·수평적 분업 시스템'이 짜일 수 있다. 동북아 지역은 경제 규모가 전세계 GDP의 30%에 육박하고 경제성장률 5%대와 노동력 9억명 이상, 지하자원 세계 최다, 기술력 등에서 모두 세계 1위인 명실상부한 글로벌 경제 허브가 될 것으로 전망된다.

경제권의 출발점

한반도가 통일될 경우 중국의 동북 3성, 러시아 연해주, 일본 서부를 잇는 5000㎞ 길이의 세계 최대 산업 · 경제 벨트가 탄생할 것으로 예상된다.

자본 · 기술 · 자원 · 노동력을 모두 갖추고 있을 뿐 아니라 유라시아 대륙 철도와 북극항로의 시발점이라는 장점까지 있어 동북아 물류 · 산업의 허브로 중추적인 역할이 기대되고 있다.

중국의 동북 3성과 한반도는 자연 · 지리적으로 연결돼 있는 만큼 한반도 경제 통일은 동북 3성과 몽골은 물론 러시아까지 아우르는 동북아 경제 통합의 시발점이 될 것이다. 우리말로 '비단길'이라고 부르는 실크로드는 2100년 전 중국 장건이 개척한 고대 동서양 교역로를 뜻한다. 기원전부터 동서양을 이어주던 무역중심길 실크로드가 한반도의 통일론과 대두되며 한국경제의 글로벌 무역 허브로 급부상하고 있다.

남북이 통일될 경우 한반도는 유라시아 대륙철도의 종착역이자 출발점 역할을 하게 된다. 북한과 철도, 도로를 연결하는 것은 휴전선 때문에 섬처럼 갇혀 있던 우리나라에 유라시아 대륙 전체를 품에 안는 것과 같은 효과를 가져다 주며 또한 중국의 철도, 러시아 시베리아 철도가 연결되어 유럽의 수출길이 훨씬 쉬워진다.

한반도에서 적재된 화물이 중국을 거쳐 유럽에 도달할 수 있고, 한반도에서 출발한 고속 열차 승객이 유럽에서 하차할 수 있다.

2013년 10월 통일시대 기반 구축을 위한 핵심 사업으로 유라시아 철도 사업을 추진하겠다고 밝힌 바 있다. 부산항과 나진항을 철도로 잇고 세계 최장 철도 '시베리아 횡단철도'와 연결해 부산에서 유럽까지 이동 가능한 수송로를 만든다는 계획이다.

우리나라의 현 주소

저출산, 고령화, 저성장, 생산성 가능인구가 고점을 찍어 우리나라는 선진국 문턱에서 성장동력이 약화되어 있다. 그러나 통일이 이루어진다면 북한의 저렴한 노동임금과 생산가능성인구 유입은 새로운 성장동력으로 작용할 것이다.

한국의 현재 인구는 4800만명(세계 25위), 면적은 99,720㎢이다. 그러나 남북이 통일되면 7700만명의 인구에 223,000㎢의 면적을 가진 경제, 정치의 강국으로 통일을 먼저 이룬 독일의 반열에 오를 것이라는 평가가 있다.

북한의 주요 지하 광물자원의 잠재가치는 약 4조억달러로 한국의 24배에 달하고 있다. 북한은 석탄과 우라늄 등의 풍부한 천연자원을 보유하고 있으며 앞으로 40년간 사용할 수 있는 양의 천연자원을 현재 순가치로 평가하면 북한 GDP의 18배라는 골드만삭스의 분석이 있다. 통일이 이루어져 한국의 선진기술력과 자본, 북한의 노동력과 천연자원이 결합하면 독일과 일본 등 주요 선진국을 앞지를 수 있는 새로운 도약의 발판이 될 것이다. 또한 통일이 되면 국방비의 절감 효과와 더불어 2050년에는 1인당 GDP 8만 6천달러로 영국, 일본보다도 앞선다.

"통일은 대박이다"라는 대통령의 기자회견이 있었다.

대통령은 동북아의 새로운 성장동력을 제공할 수 있다는 점에서 통일은 대한민국에만 대박이 아니라 동북아 주변국 모두에도 대박이 될 수 있다고 생각한다"고 말했다.

골드만삭스를 비롯한 글로벌 금융회사들은 남북통일은 국가 신용등급에 큰 호재가 될 것이다. 통일이 되면 단기적 통일 비용 우려에도 불구하고 중장기적으로 국가 신용등급이 뛰어 오를 것이며 남북한 경제의 통합은 안보 불확실성을 해소하고 한국의 중장기 성장률을 제고할 것이라고 분석하고 있다. 이미 3%대로 떨어진 우리나라의 중장기 성장률을 다시 끌어올리는 데 통일이 영양제 역할을 할 수 있다는 것이다.

남북이 군사적 대치 상황을 해소하고 평화적 통일로 나갈 경우 한반도 안보 비용이 남북을 합쳐 연간 20조원 이상 줄어들 것이다. 통일에 따른 이 같은 안보 비용 감축 효과는 남북한뿐 아니라 중국·일본 등 주변 국가들의 경우에도 연 수십조원대에 이를 것으로 분석됐다. 한반도 통일이 동북아 안보 상황을 안정시키고 주변 국가들에 모두 이익이 되는 윈-윈(win-win) 효과를 일으키는 것이다.

과거 독일통일의 사례에서 알 수 있듯이 1990년 10월 3일 통일 후 처음에는 독일주가가 조정을 받았으나 통일의 시너지 효과로 인해 서독의 기술력과 동독의 자원이 합쳐져 독일의 DAX지수는 2000P에서 8000P까지 4배 급등하는 기염을 토했고 2014년 1월 현재 1만포인트 가까이 상승중이다.

독일통일의 예에서 보듯이 한반도의 통일이 이루어진다면 2014년 1월 2000P대에 머물고 있는 종합지수는 1만포인트를 향해서 순조로운 출발을 하는 계기가 될 것이다. 2014년 통일에 대비해 DMZ 비무장지대를 세계평화 공원으로 조성하려는 정부의 정책이 추진되고 그에 따른 업종들이 움직이기 시작하고 있다. 그러므로 지금부터라도 통일에 대비하여 면밀한 재테크 전략이 필요하다.

부자가 되는 길

1. 성공한 사람을 롤모델로 삼고 경쟁하라

"성공한 인물 한 사람을 철저히 연구하라. 한 사람을 정해 철저히 연구하라. 그 사람이 생각하는 방법에 너무 익숙해져 마치 그 사람과 마주 앉아 우리의 상상력을 불 지필 수 있도록 대화를 나누고 솔직한 충고와 지도를 해달라고 요청할 수 있을 정도라고 느낄 수 있을 만큼 말이다."

언젠가 읽었던 책 『맥스웰 몰츠의 성공법칙』에 나온 말이다. 그가 책에서 말하는 것은 역할 모델을 만들어서 그의 성공요인을 자신에게 접목하라는 것이다. 그는 어느 한 분야에서 성공하려면 그 분야에서 성공한 사람을 연구해서 그들이 하라는 대로 하라고 한다.

우리 투자자가 연구할 인물은 누구일까? 많은 투자자들처럼 나 역시 두 사람을 권하고 싶다. 가치투자의 대가인 워렌 버핏, 존 템플턴. 이들은 주식투자로 큰 부와 명성을 얻는 대가들이다.

워렌 버핏은 나의 롤모델이면서 선의의 경쟁자이기도 하다. 이 글을 읽는 독자 여러분들도 롤모델을 정하고 그와 경쟁하는 마음으로 공부와 투자를 지속하면 언젠가는 성공의 길로 접어들 것이다.

2. 협력자를 두어라

김연아 선수를 지켜보면 참으로 의지가 강하고 훌륭한 선수라는 생각이 든다. 피겨스케이팅으로 세계 최정상에 올라 국위를 선양하고 비인기 종목인 피겨스케이팅을 인기종목으로 바꾸어 놓은 장본인이다. 늘 김연아 선수의 경기 모습을 지켜보며 감탄을 하는데 빛나는 무대의 주인공이 되기까지는 그 뒤에는 묵묵히 도와주는 코치가 있었기 때문이다. 스포츠만 보더라도 훌륭한 선수 뒤에는 그림자처럼 따라 다니는 코치들을 볼 수 있다. 모든 분야에 프로가 되기 위해서는 훌륭한 코치(협력자)를 두어야 큰 성공을 거둘 수 있다.

올림픽에서 메달을 딴 선수들에게 만약 코치가 없었다면 어떤 결과가 나왔을까? 코치의 지도가 없다면 일반인들이 취미로 운동하는 것과 무엇이 다르겠는가? 어떤 분야에서든 성공하기 위해서는 자신을 돕는 훌륭한 코치는 필수조건이다.

성공한 사람치고 코치(협력자)가 없는 사람이 없다. 성공은 협력자가 있는지 없는지에 따라 많이 달라진다.

우리 투자자도 자신에게 귀중한 조언을 해줄 코치를 두어야 한다. 주식투자는 본래 외로운 투쟁이다. 또한 한 번의 잘못된 결정으로 회복할 수 없는 큰 상처를 입기도 한다. 때문에 그 어느 분야보다 코치가 필요하다.

주식은 혼자 하기에는 큰 리스크가 따르기 때문에 검증된 주식 전문가를 협력자로 두어야 하며 신중한 결정을 내리는 데 힘을 불어 넣어줄 협력자는 성공투자의 필수 조건이다.

3. 준비하고 노력해야 기회를 잡을 수 있다

주식시장은 프로 9단과 아마추어 18급이 함께 내기 바둑을 두는 불합리한 경기장이다. 누가 승자일지 이미 답이 나와 있다. 그러므로 투자자들은 끊임없이 준비하고 노력해야 주식투자로 성공할 수 있다.

실제 '투자 고수'라고 불리는 사람들치고 남모르게 준비하고 노력하지 않는 사람은 없다. 고레가와 긴조의 경우 일본 증시의 최대의 큰손으로 300만엔으로 1000억엔의 수익을 거둔 투자의 신으로 불린다. 1982년에는 일본 소득세 납세순위에서 고스케를 제치고 1위에 올라 세인들을 놀라게 했다.

그는 21세에 시작한 철판 사업으로 큰돈을 벌었지만 1927년 일본의 금융공황으로 파산을 했다. 이후 경제에 대한 공부의 필요성을 절실히 느끼고 3년간 도서관에서 독학으로 세계경제 연구에만 몰두했다.

이 시기에는 한푼의 수입도 없었기 때문에 생활고에 시달렸다. 점심 때 우동 한 그릇 사먹을 돈이 없어서 물로 배를 채우고 전철표 살 돈이 없어서 먼 거리를 걸어 다닐 정도로 힘들게 살았다.

그러는 동안 자본주의 시장 경제는 일정한 간격을 두고 파도와 같이 끊임없는 파동을 일으킨다는 것과 영원한 폭락도 없고 폭등도 없다는 것을 3년간의 처절한 연구 끝에 깨달았다.

이후 주식투자로 돈을 벌고 한국에 와서 광산사업을 하다, 다시 63세부터 본격적인 주식투자에 나섰다. 1981년 9월 스미토모 금속광산이 금광을 발견한 사실을 접하고 주식 지분의 16%에 해당하는 5000만주를 230-240엔에 매수하여 6개월 뒤 주가가 1,000엔을 돌파하자 과감하게 처분하여 200억엔을 벌었다. 그렇게 해서 그는 그해 일본에서 가장 큰 수익을 거둔 인물로 주목받았다.

이처럼 고레가와 긴조는 금융공황으로 파산한 이후 3년간 자본주의 경제를 연구했기 때문에 주식시장에서 성공할 수 있었다.

고레가와 긴조의 예에서 보듯이 늘 좋은 일이 생길 것에 대비해 준비를 게을리 해서는 안 된다.

4. 책을 가까이 하라

성공한 사람들 대부분은 독서광이다. 나폴레옹은 흔들리는 말 위에서도 독서를 멈추지 않았다. 위대한 미국 대통령 링컨은 노예 해방에 대한 영감을 책에서 얻었으며, 에디슨은 1일 1권의 독서를 하였고 오프라 윈프리도 독서를 통해 자신의 암울했던 과거의 상처에서 벗어날 수 있었다. 나도 이들처럼 꾸준한 독서를 통해서 부족한 부분을 채우고 있다.

"오늘날의 나를 만들어 준 것은 조국도 아니고 어머니도 아니다. 단지 내가 태어난 작은 마을의 초라한 도서관이었다."

IT의 황제 빌 게이츠가 한 말이다. 주식에서도 이에 뒤지지 않을 만큼 독서를 중시하는 인물이 있으니 바로 워렌 버핏이다.

"나는 보통 사람의 평균 5배 정도는 더 읽는 것 같습니다."

이 둘의 성공에 지대한 밑거름이 된 것은 뭐니뭐니 해도 독서이다. 천재적인 두뇌도 아니고, 부모로부터 물려받은 막대한 재산도 아니고, 뛰어난 사교술도 아니다. 독서야말로 세계 최고의 갑부이자 성공자인 이들의 성공 비결인 셈이다.

나도 책 선물을 가장 좋아하고, 특히 관심 있는 분야의 책을 선물로 받으면 마음이 설레여 밤을 세우며 읽곤 한다. 방송과 주식연구로 바쁜 와중에도 서점은 자주 들리고 틈틈이 독서를 즐긴다. 책은 나를 만든 원동력이며, 일상에 지친 나에게 휴식과 감동을 준다.

내가 아는 모든 것은 독서를 통해서 얻은 것이며 미래를 보는 통찰력도 오로지 공부의 힘에 의한 것이다.

5. 꿈을 계획하고 실천하라

"여러분 50, 60세에 어떤 삶을 살고 있을 것 같나요?"

이렇게 질문하면 선뜻 "나는 무엇 무엇이 되어 있을 겁니다" 하고 술술 말하는 사람들이 많지 않다.

막연히 큰돈을 벌겠다는 생각만 있고 구체적인 꿈의 설계가 없다면 모래성을 쌓는 것과 다를 바 없다. 설계도면 없이 건물을 짓는 것과 같기 때문이다. 20층짜리 건물을 짓는다고 가정을 할 경우 설계도면 없이 건물을 세울 수가 있겠는가?

하물며 우리의 인생이 100년 이상일 수도 있는데, 아무런 계획 없이 살아간다면 실패를 계획했다는 말과 무슨 차이가 있는가?

세상에 빛과 소금으로 쓰일 수 있도록 인생을 설계해야 한다. 도전하는 삶이 아름답다. 하루를 살더라고 꿈과 목표가 있어야 한다.

일본 IT의 황제 손정의. 그가 처음 비즈니스를 시작할 때였다. 그는 아르바이트 하는 직원 몇 명을 세워 놓고 과일상자 위로 올라갔다. 그리곤 당당한 눈빛으로 호언장담했다.

"10년 뒤 500억엔의 회사가 됩니다. 20년 뒤 수조원의 회사가 됩니다."

얼마 뒤 그의 꿈은 실현되었다.

우리 투자자도 부자가 되고자 한다면 꿈의 스케줄을 가지고 꾸준히 실천해 나가도록 하자. 당장 노트를 꺼내어 이루고 싶은 꿈을 날짜와 함께 적자. 구체적으로 계획을 세우고 그 계획에 따라 실행하자.

꿈이 현실이 되어 있는 그날까지.

6. 감사하고 겸손하고 사랑하는 마음을 갖자

성공한 사람들을 보면 매사에 불평불만보다는 감사, 겸손, 사랑하는 마음을 갖고 있다. 이 세 가지를 다 실천하면 우리가 원하는 것, 바라는 것을 모두 이룰 수 있다.

주로 기업탐방을 가보면 기업사훈에 한두 가지가 있는 곳은 많이 보았으나 세 가지를 다 가지고 있는 곳은 보지를 못했다. 어려운 것이기는 하나, 투자자 여러분들도 감사, 겸손, 사랑을 몸에 익히고 생활하면 많은 사람들로부터 존경을 받을 것이며 더불어 좋은 귀인들도 많이 만나게 될 것이다. 나 또한 감사, 겸손, 사랑을 실천하기 위하여 사무실을 비롯한 눈에 보이는 곳곳에 액자로 만들어 붙여 놓았다. 한시라도 잊지 않기 위해서이다.

아프리카에서 난민들을 위해서 무료로 의료봉사를 했던 한 유명한 의사는 죽기 전에 마지막 말을 남겼다. "이제야 내가 감사라는 말의 의미를 깨달았다." 평생 봉사에 자신을 바쳤던 훌륭한 분도 마지막에 깨달은 것은 바로 감사였다. 감사와 겸손과 사랑을 모두 가진 사람은 신의 경지에 오른 사람이다. 감사와 겸손과 사랑의 마음을 가진 사람은 어느 분야에서든지 성공할 수 있다.

부자가 되는 길

1. 성공한 사람을 연구하라
   - 가치투자의 대가인 워렌 버핏, 존 템플턴의 투자원칙을 벤치마킹하라.
2. 협력자를 두어라
   - 주식은 혼자 하기에는 너무 큰 리스크가 따르기 때문에 검증된 주식 전문가를 협력자로 두어야 한다.
3. 준비하고 노력해야 기회를 잡을 수 있다
   - 고레가와 긴조는 금융공황으로 파산한 이후 3년간 자본주의 경제를 연구했기 때문에 주식시장에서 성공할 수 있었다.
4. 책을 가까이 하라
   - 워렌 버핏은 보통 사람의 평균 5배 이상을 독서한다.
5. 꿈을 계획하고 실천하라
   - 노트에 꿈을 적고 그에 따라 하루하루 실천해 나가자.
6. 감사하고 겸손하고 사랑하는 마음을 갖자
   - 감사, 겸손, 사랑을 가진 사람은 모든 사람에게 호감을 줄 뿐만 아니라 본인의 가치를 높이는 최고의 미덕이다.

| 부록 |

언론에 보도된 김원기 대표

백범기념관 대한민국 인물대상

내면속 깊은 울림, 전 세계로 퍼진다

2014년 1월호 이코노미타임21 김지연 기자

강원도 평창의 가난한 집에서 태어나 집념과 의지로 시련을 극복하고 주식 시장에서 '新가치투자'로 귀재의 명성을 높이고 있는 세계로TV 김원기 대표가 "2014 갑오년(甲午年) 청마해를 맞아 초록빛 푸른 자연을 거침없이 달리는 말처럼 올 한해에도 성공투자를 향해 힘차게 정진하자"고 새해 염원을 밝혔다.

성공특강 '울림과 메아리의 5가지 비밀'

김원기 대표는 주식투자의 새로운 패러다임을 이뤄내고 있어 수 많은 투자자들에게 선망의 대상이 되고 있다. 주식전문가로서는 국내 최초로 '한국을 빛낸 21세기 인물대상'을 받았고 '2013 올해의 존경 받는 인물 대상', '2013년을 빛낸 CEO 대상' 등 화려한 수상 이력을 지녔다. 최근, 인생을 변화시키는 내 가슴속 유일한 해법, 저서 〈울림〉을 출간해 세인들의 가슴에 잠든 감동을 조용히 깨우고 있다.

이에 앞서, 〈주식완결판〉 이외에 〈부자클럽의 100억짜리 주식레슨〉, 〈김원기 대표의 급등주 7일 완성〉, 〈주식투자 30일만에 따라잡기〉 등 다수의 저서를 출간했다.

지난 30여 년 동안 주식시장에서 다양한 경험을 쌓아온 김원기 대표는 11명의 증권전문가와 함께 '세계로TV'를 통해 투자자들에게 시장 트렌드에 맞는 주식분석, 증권교육, 투자자문 등을 진행하고 있다.

특히, 워렌 버핏 등 투자 대가들을 연구하면서 조셉 그린빌과 엘리어트 파동의 기술적 분석, 매집 등의 기술을 접목해 블루오션의 성공투자행진을 펼치고 있다.

김원기 대표가 창시한 '신가치투자'란 먼저 차트를 분석해 급등 에너지인 매집을 확인한 후 '끼' 있는 종목을 발굴한다. 그 다음 가치평가를 통해 저평가 종목을 발굴 한다. 이러한 투자법은 세력이 매집한 저평가 종목을 대량 매수할 수 있고 일반 가치투자에 비해 빠른 수익을 거둘 수 있는 장점을 지녔다. 또 잦은 매매를 지양하고 분할 매수로 안정적인 투자를 할 수 있어 한정된 자금이 대부분인 개인투자자들에게 매우 적합한 투자법으로 각광을 얻고 있다.

별처럼 빛나는 '신가치투자', 투자자들에게 부의 열쇠 나눠주다

김원기 대표는 "신가치투자는 배당은 기본으로 받고 무작정 기다리는 기존의 가치투자를 넘어 매집이 되고 저평가된 우량한 주식을 급등 직전에 매수하므로 배당과 시세차익을 얻는 1석2조의 최고의 주식투자법"이라고 설명했다.

김원기 대표는 그동안 신가치투자를 중심으로 고수익을 창출했으며 이를 인정받아 지난 2006년에 주식전문가로 데뷔했다. 2008년에는 부자클럽을 출범시켰고 이후 2010년 온라인증권방송 세계로TV를 설립, 별처럼 빛나는 주식투자로 수 많은 개미투자자들에게 부의 열쇠를 나눠주고 있다.

세계로TV 관계자는 "증권업계가 불황을 겪으며 회원수가 나날이 감소하는 추세이지만 신가치투자로 무장한 '세계로TV'는 연일 최고 회원수 증가와 최다 매출 기록을 경신하고 있다"고 전했다.

그는 과거 가난의 설움을 겪었기에 젊은이들이, 가난이 대물림 되지 않길 바라는 마음에서 '나눔 장학회'를 설립해 청소년들에게 장학금을 기부하고 있다.

최근에는 후진 양성에도 힘을 써 50여 명의 애널리스트를 배출했으며 이들은 현재 세계로TV 및 기타 증권 사이트, TV에서 애널리스트로 왕성한 활동을 펼치는 중이다. 이 외에도 그는 어려운 이웃들을 돕기 위한 사회봉사활동에 적극 나서고 있다. 생활형편이 어려운 노인과 청소년을 위해 지속적으로 후원하며 따뜻한 손길을 보내고 있다.

김원기 대표는 매우 어려운 유년시절을 겪었다. 유리공장, 목장, 식당, 음식배달, 노점상 등 안 해 본 일이 없을 정도로 다양한 직업군을 경험했다. 그러다 중년의 나이에 시작한 주식 투자에서 쓰디쓴 실패를 맛본다. 하루에도 수십 번씩 주식을 사고팔며 손실을 키워가는 전형적인 실패형 투자자의 모습으로 살아갔다. 주식투자 실패 후 4개월간 다락방에서 숙식을 하며 지낸 시기는 한마디로 고통 그 자체였다.

김원기 대표는 당시 상황에 대해 "나는 다시 일어설 수 없다는 절망감에 생을 포기하고 싶은 마음도 많았다. 어둠 같은 절망에서 빛이 있는 희망으로 나오기까지 숱한 어려움도 있었다"고 회고한다. 그러나 시련은 곧 기회로 연결됐다.

그는 그 기간에 주식투자로 성공한 사람들의 인생을 연구했다. 워렌 버핏을 비롯해 성공한 투자자들의 노하우를 자신의 것으로 습득했다. 그 결과 4개월 만에 다락방에서 내려올 때 자신의 손에는 신가치투자라는 그만의 비법이 들려 있었다.

김원기 대표가 지난날 고난과 역경을 극복하면서 온몸으로 터득한 성공과 행복의 비법이 바로 '울림'이다. 인생의 비법인 울림과 그에 따라 되돌아오는 메아리의 비밀도 힘겨웠던 다락방 시절 경험으로 움켜쥔 산실이었다.

그가 발견한 울림은 산울림(메아리)현상에서 찾아낸 인생의 비법이다. 메아리는 높은 산에 '야호' 하고 외치면 잠시 후 그 소리가 그대로 울린다. 이러한 현상과 마찬가지로 인생에서도 '내가 간절히 원하고 꿈꾸며 바라는 내면 깊은 곳에 내재된 진심', 그것이 바로 울림이라고 저자는 말한다.

울림과 메아리에 연계된 평범하면서도 비범한 5가지 비밀

종소리가 울려 퍼지며 주변의 모든 사물에 진동을 일으키듯 이 울림이 행함으로 연결될 때 세상을 흔드는 메아리로 변모한다고 전한다.

무엇인가를 간절히 바라면 이루어지듯이 마음속 울림이 말과 행동, 표정과 눈빛으로 표출될 때 자신의 인생을 바꿀 수 있다고 김원기 대표는 설명한다.

그는 "가슴에 울림이 있는 사람과 없는 사람의 차이는 천양지차(天壤之差)다. 어떤 일을 대하든 뛰는 가슴으로 대하는 사람은 그 일을 성공시킬 확률이 높고 실패를 통해서도 교훈을 얻는다. 밋밋한 가슴으로 대하는 사람은 성공할 확률이 낮고 성공을 통해서도 눈에 보이는 가치 이상의 기쁨을 얻지 못한다. 가슴이 울려야만 그 기쁨의 여운이 오랫동안 지속될 수 있다"고 울림의 효과를 설명했다. 그는 울림과 메아리에 연계된 평범하면서도 비범한 5가지 비밀을 인지하고 이를 실천으로 옮길 때 성공의 키를 잡을 수 있다고 강조한다.

그가 밝힌 5가지 비밀이란 무엇일까? 첫째는 "메아리는 되돌아온다" 이는 산에서 외치는 메아리가 그대로 되돌아오듯 내가 긍정적인 마음을 가지고 있으면 미래에 비전이 있는 사람이 되며, 내가 성공할 수 있다고 믿으면 성공자의 반열에 올라선다는 인과응보의 법칙이다.

결국, 자신이 내재된 측면에서 생각하는 것들은 행한 만큼 얻을 수 있다는 설명이다. 둘째는 "메아리는 반복 된다" 메아리는 한번으로 멈추지 않고

교보문고 울림 저자 강연회

여러 산을 울리면서 계속 반복된다. 이렇듯 성공한 사람에겐 지속적인 성공가도를 걸을 수 있는 길이 반복해서 열린다는 것이다.

셋째는 "메아리는 널리 퍼진다" 메아리가 도달하는 범위는 아주 넓다. 이처럼 너그럽고 겸손한 마음으로 아량을 베풀면 메아리처럼 널리 퍼진다. 성공했을 경우에도 그 성공의 혜택은 많은 사람들에게 돌아간다. 자신이 나눠준 만큼 타인을 이롭게 할 수 있다는 진리를 설명한다.

감사와 겸손, 사랑 더하면 자신의 꿈 실현 돼

넷째는 "메아리는 높은 곳에서만 일어난다" 낮은 산에서 메아리는 울리지 않는다. 반드시 높은 곳으로 올라가야 한다. 이와 마찬가지로 성공한 모습은 누군가에겐 거울, 즉 당신이 보낸 울림으로 작용한다. 따라서 온갖 어려움과 고난을 극복하고 성공의 정상에 올랐을 때 그 효과는 100배, 1000배로 상승한다.

다섯째는 "메아리는 마음의 소리다" 마음의 목소리에 귀를 기울이고 자신과 자주 대화하면 자신에게 돌아온다. 오늘을 뜨겁게 살아야겠다고 울림을 보내면 그날 하루는 보람된 하루로 메아리가 되어 돌아온다는 것이다.

그는 자신에게 떠오르는 생각, 사소한 행동 하나하나가 모두 마음에서 비롯되었다는 사실을 늘 염두 해야 된다고 말한다. 김원기 대표는 이러한 메아리의 5가지 비밀에 감사와 겸손, 사랑을 더하면 자신의 꿈은 머지않아 현실이 되고, 최고의 자리에 오른 후에도 존경받는 사람으로 남을 수 있다고 자신한다.

그는 "최고의 자리에 올랐을 때, 많은 돈을 벌었을 때, 권력의 정점에 섰을 때는 최선을 다해 겸손해야 하고, 다른 사람들을 배려해야 하며, 나보다 약한 사람을 도와야 한다. 내가 가진 것을 아까워하지 않고 진심으로 베풀 때 당신은 성공을 뛰어넘는 존경의 인물이 된다. 재물은 한순간이나, 참된 명예와 존경은 영원하다는 사실을 잊지 말아야 한다"고 조언한다.

김원기 대표는 자신을 믿는 것이 성공의 필수조건이라고 힘주어 말한다. "나는 능력이 없어, 나는 운이 없어, 나는 물려받은 재산이 없어"라며 스스로 불가능의 이유를 내밀지 않고 되돌아오는 메아리의 힘을 믿으면 그대로 이뤄진다는 것이다.

그는 타인과 자신을 비교하는 마음 때문에 성공이란 선물이 끝없는 미로 속에 갇혀 출구를 못 찾게 되는 결과를 낳게 된다고 말했다.

김원기 대표는 "20평에서도 가족이 행복하게 사는데 부족함이 없다. 그런데 30평으로 눈을 돌리고 20평인 자신의 집과 비교하면 그때부터 행복에는 균열이 생기기 시작한다. 비록 소형차지만 쌩쌩 잘 달리고 원하는 목적지에 착착 데려다 주는데 옆을 지나가는 고급 외제차와 비교를 하는 순간부터 내 차가 초라해지기 시작한다"고 전했다.

김원기 대표는 '하나의 뜻을 세우면 하늘로 통한다' 라는 뜻의 사자성어인 일념통천(一念通天)을 가슴에 새기고 있다. 앞으로 수많은 투자자들의 염원에 보답하는 수익을 제시해서 세계로 TV의 위상을 드높이겠다는 다부진 포부를 갖고 있다.

' 어느 곳을 향해 배를 저어야 할지 모르는 사람에게는, 어떤 바람도 순풍이 될 수 없다' 그는 '수상록' 으로 알려진 16세기 프랑스 철학자 미셸 몽테뉴의 말을 인용하며 "주식투자 역시 바른 길을 안내하는 내비게이션처럼

마이크임팩트 강연회

처음에 선택이 중요하다"고 강조했다.

　김원기 대표의 최종 목표는 금융전사 100만인 만들기다. 그는 대한민국이 세계 금융 강국이 되고 한국이 금융허브로써의 역할을 할 수 있다는 신념을 갖고 있다. 부자가 되는 것은 자신에게도 좋지만 애국하는 길로 연결돼 국가를 돕는 힘이 된다는 것이다.

　"울창한 숲을 만들려면 나무 한그루부터 심어야 한다"는 마음을 간직한 채 오늘도 꿈을 향해 한걸음 씩 전진한다. 이처럼 김원기 대표의 따뜻한 감성미학이 추운 겨울을 녹이고 성공적인 삶을 동행하는 울림의 메아리가 우리곁에 영원히 머물 것으로 기대된다.

Korea Future Management Awards

주 최 | 헤럴드경제
주 관 | 월간파워코리아, 한국소비자경영평가원
후 원 | 한국호텔리조트학회, 한국소 □□ □럼

시상식 | 2013. 5. 6(월), 7(화) 15:00~17:0
장 소 | 서울프레스센터 20층 내셔널프레스

프레스센터 대한민국 미래경영대상

▲ 성공적인 주식투자를 꿈꾸는 모든 투자자들 사이에서 구원자로 추앙받고 있는 김원기 대표는 실전투자경력 28년의 국내 최고의 주식전문가로 신가치투자에 따른 종목발굴에서는 타의 추종을 불허한다.

대한민국을 부의 강국으로 이끌겠다

뉴스메이커 2013년 7월호 대담 황인상 국장

최근 직장인들의 재테크 열풍으로 주식정보회사나 주식투자클럽이 우후죽순으로 생겨나고 있다. 금융감독원에 따르면 유사투자자문회사는 609곳으로 지난 2006년 보다 6배가 늘어난 수치다.

한정된 자금으로 조금 더 높은 수익을 올리기 위해 주식투자를 시작하는 사람들이 많아지면서 이를 악용해 과장광고나 허위 사실 등을 통해 부당한 이익을 챙기는 주식투자클럽도 점점 늘어나고 있는 상황이다. 이럴 때일수록 믿고 신뢰할 수 있는 전문가를 찾는 것이 성공적인 주식투자의 지름길이다.

성공적인 주식투자를 꿈꾸는 투자자들의 구원자재테크에 대한 관심이 뜨거운 요즘이다. 이는 전 세계적으로 초저금리와 고령화, 고용에 대한 불안감 등이 복합적으로 작용하면서 일어나는 현상이다. 하지만 투자자금, 정보력, 분석력 등 어느 하나 전문적인 투자자에 비해 개인 투자자들은 불리한 위치에 있을 수밖에 없다. 이러한 개인투자자들에게 신가치투자로 성공적인 주식투자의 길라잡이가 되고 있는 김원기 ㈜세계로TV 대표가 화제다. 성공적인 주식투자를 꿈꾸는 모든 투자자들 사이에서 구원자로 추앙받고 있는 김원기 대표는 실전투자경력 28년의 국내 최고의 주식전문가로 신가치투자에 따른 종목발굴에서는 타의 추종을 불허한다.

그는 〈부자클럽의 100억짜리 주식레슨〉〈김원기 대표의 급등주 7일 완성〉〈주식투자 30일 만에 따라잡기〉〈주식완결판〉 등 수많은 저서를 출간했으며, 특히 최근 출간한 〈주식완결판〉은 주식분야 1위 도서로 연일 화제가 되고 있다. 지난 2월 21일 〈SBS 생활경제〉에 금융전문가로 출연, '10억 연봉'으로 KBS2TV 〈VJ특공대〉에 출연, 서울경제TV 〈수익을 말하다〉를 포함한 다수의 TV프로그램에 출연하며 개미투자자들에게 성공적인 투자비법을 전파해온 김원기 대표는 현재 세계로TV, SEN PLUS, MTN 등 케이블과 공중파 TV에서 다수의 TV프로그램에 출연하며 신가치투자를 전파하고 있다.

실전투자경력 28년의 국내 최고의 주식전문가
신가치투자에 따른 종목발굴에서는 타의 추종을 불허

'2012년을 빛낸 금융부문 CEO 대상', '21세기 한국인상', '2013년 대한민국 미래경영대상', '올해를 빛낸 CEO대상' '2013 대한민국 인물대상'

등을 수상한 김 대표가 운영하고 있는 세계로TV는 주식마니아들에게 상승 모멘텀과 추천주, 기술적 분석은 물론 시장 트렌드에 맞는 투자교육과 추천 종목을 리딩하고 있는 온라인 방송으로 성공적인 투자를 위한 길라잡이다. 주식투자에 어려움을 겪고 있는 투자자라면 세계로TV에 접속하면 된다. 특히 〈신가치투자 김원기 대표 클럽〉에서는 기술적 분석과 기본적 분석, 매집에 의한 종목을 체계적으로 회원들에게 추천함으로써 꾸준하게 큰 수익을 거두는 중이다. 아울러 시장 흐름에 맞는 자금별, 포트폴리오를 구성하는 것은 물론 매수가, 매도가, 비중을 지정하여 SMS발송과 A/S를 통해 회원들로부터 '수익률 극대화의 일등공신'이라는 찬사를 받고 있다.

부의 명품 방송으로 손꼽히는 '세계로TV.' 최근 신뢰할 만한 증권방송을 찾는 개인 투자자들이 급증하면서 김원기 대표가 운영하는 세계로TV에 투자자들의 관심이 집중되는 양상이 현저히 나타나고 있다. 세계로TV의 주요 콘텐츠는 증권교육과 투자자문이 큰 틀을 이루면서 장중(9시~15시)에는 시황분석과 종목추천, 종목진단 등의 투자자문이, 평일 저녁과 주말에는 온라인 및 오프라인 증권 교육 위주의 서비스가 주를 이룬다. 특히 증권전문가가 되고 싶은 투자자들을 위한 〈전문가 양성교육 프로그램〉에서는 김 대표가 직접 증권교육을 담당, 손절매 없는 매수법으로 원금 보전과 더불어 배당 및 시세차익을 거두는 최고의 비법인 신가치투자를 교육하고 있다. 〈전문가 양성과정〉을 수료하면 세계로TV에서 전문가로 활동할 수 있다.

김원기 대표는 "신가치투자는 평생 부자 되는 투자법으로 꿈이 현실이 되는 기적을 보여주고 있다"면서 "회원들의 실제 매매계좌 수익률은 세계로TV 사이트 내의 회원매매일지에서 확인할 수 있다"고 덧붙였다. 한편 지난 2월 24일에는 '워커힐 코스모스홀'에서 오후 2시부터 부자TV가 세계로TV로 새롭게 도약하는 첫 증권강연회를 열어 신가치투자로 부자가 되는 비법을 강연하며 성황리에 마쳤다.

글로벌 경기 침체, 아시아에 눈 돌려라실제 개인투자자의 성공사례를 보면, 불안한 시장 상황을 정확히 분석하여 과감한 투자를 실시하는 경우가 많다. 하지만 현재 시장은 하루하루가 어떻게 변할지 모르는 불안감에 수요가 많이 위축되어 있는 상황이다. 이에 김원기 대표는 "글로벌 경기 침체로 올해 증시 상황도 어려울 수밖에 없다. 하지만 시장이 위기일수록 역설적으로 투자 기회는 찾아오게 마련이다. 바람이 세게 불어야 연을 높이 날릴 수 있다"고 목소리를 높이고 있다. 김 대표는 "세계 경제는 미국을 중심으로 한 달러가 패권국의 지위를 유지하고 있으나 달러가치의 하락과 재정절벽의 한계에 부딪치고 있는 현실이다"며 "이제 세계는 새로운 통화질서의 모색과 더불어 돈의 흐름이 바뀌고 있다. 돈의 흐름은 저성장국가에서 고성장국가로 흘러들어가고 저수익에서 고수익으로 이동하는 것이 250년 자본주의 역사의 흐름이었다"고 덧붙였다. 이에 김원기 대표는 현재 투자대상으로 아시아 국가를 추천한다. 미국, 유럽, 일본의 국가에서 도시화 및 생산성소비 인구가 증가하고 있는 중국 및 인도, 베트남, 미얀마 등 고성장이 이어지고 있는 신흥개발도상국을 주목해야 한다는 것이다. 김 대표는 "내년 증시 상황이 긍정적이지는 않지만 한국, 중국 등의 아시아 국가는 성장세를 지속할 가능성이 높은 만큼 투자 매력이 있다"고 덧붙였다.

코엑스 증권 강연회

▲ 김원기 대표는 '신가치투자'로 고수익을 내며 투자자들에게 주목을 받고 있다.

세계 경제의 성장 엔진이었던 미국, 유럽, 일본 대신
이제는 아시아가 글로벌 성장엔진으로 가동할 가능성이 높아

김원기 대표가 아시아를 투자대상으로 꼽은 이유는 글로벌 유동성의 유입 가능성이 그 어느 때보다 높기 때문이라는 분석에서다. 김 대표는 "지금 우리는 달러 홍수 시대에 살고 있다"면서 "이렇게 흘러넘치는 돈은 저성장 국가에서 고성장 국가로, 저수익에서 고수익을 찾아 움직이게 마련이다"고 강조했다. 앞으로 아시아 국가로의 자본유입이 이어지고 자산가치도 올라갈 것이라는 얘기다.

투자자들이 부자되는 최고의 투자비법 '신가치투자'
철저히 실패원인 분석하여 '신가치투자' 창시

일반적으로 가치투자란 저평가 종목을 매수해 장기 보유하는 것을 원칙으로 한다. 하지만 보통의 개인투자자들은 한정된 자금으로 언제까지나 주식을 보유할 수만은 없는 노릇이다. 이에 김원기 대표가 창시한 신가치투자는 먼저 차트를 분석하여 기술적 분석에 의한 이평결집의 매집을 확인하고 저평가 국면에 있는 종목을 선별하여 상승초입인 엘리어파동의 2파국면에서 분할매수하는 손절 없는 투자법으로, 안정적인 급등 시세를 볼 수 있다는 탁월한 강점이 있다. 김 대표는 "신가치투자는 '사놓고 마냥 기다리는' 기존의 가치투자를 넘어 '매집이 되고 저평가된 우량한 주식을 급등 직전에 매수하는 투자방법"이라고 설명한다. 투자자들의 입장에서는 언제 오를지 모르는 주식을 기약 없이 들고 있는 것만큼 심리적으로 힘든 일도 없다. 김 대표는 "신가치투자는 손절 없이 안정적이며 매집된 종목을 매수하기 때문에 급등 시세가 나오므로 투자자들에게는 부자가 되는 최고의 투자법"이라고 강조했다. 이제 김원기대표는 신가치투자로 대한민국을 넘어 세계로 뻗어가는 세계로TV 방송을 통해 전 세계 주식시장 정복을 노리고 있다. 김원기 대표는 "저의 오랜 시행착오를 겪으며 만들어진 신가치투자는 평생 부자되는 투자법으로 원금을 보장해줄 뿐만 아니라 시세차익과 배당을 받는 1석2조의 효과를 누릴 수 있다"며 "여러분도 신가치투자의 세계에 함께하길 바란다"고 전했다.

꾸준한 사회공헌 활동으로 기업의 사회적 역할 수행지난 2004년부터 2005년까지 신가치투자로 고수익을 창출해 재기에 성공했던 김원기 대표는 2006년 증권전문가로 데뷔했으며 2008년 부자클럽을 출범했다. 이후 2010년 증권전문 온라인방송 세계로TV를 설립하고, 신가치투자의 창시자로서 모든 투자자들을 성공적인 주식투자를 할 수 있게 인도하고 있다. 김원기 대표의 신가치투자로 큰 수익을 거두었던 한 유료회원(집사자님)은 "최근 세중이라는 종목으로 175%의 수익을 냈고 평생의 소원이 집을 장만하는 것"이었다며 "김원기 대표를 만나 수익으로 내 집을 장만할 수 있었다. 신가치투자를 알려준 김원기 대표께 감사하고 있다"고 했으며, 이 외에도 "주식투자가 행복합니다", "좋은 스승을 만나는 것이 최우선", "부의 멘토 김원기 대표님 감사합니다" 등의 회원매매일지를 세계로TV 사이트에서 볼 수 있다.

미래의 부의 흐름을 끊임없이 연구
모든 투자자가 '부의 열쇠'를 획득할 수 있도록 리드

현재 김원기 대표는 신가치투자법에 의한 애널리스트 양성과정을 운영, 지금까지 50여 명의 전문가를 배출했다. 세계로TV, SEN PLUS, MTN 등 케이블과 공중파 TV에서 다수의 TV프로그램에 출연하고 있는 그는 미래의 부의 흐름을 끊임없이 연구하고 있으며, 이를 통해 모든 투자자가 부의 열쇠를 획득할 수 있도록 리드하고 있다. 한편 기부문화에도 관심이 많아 현재 나눔장학회를 운영하는 등 사회공헌활동을 꾸준히 펼치고 있는 김원기 대표는 지난해 11월엔 '유니세프 아동돕기 전시회'의 후원대표로 참가하여 전 세계 어린이들을 위한 나눔을 실천하기도 했다. 그는 "기업 운영에서 가장 중요한 것은 부의 창출과 인재 양성"이라며 "앞으로 사회공헌의 철학을 토대로 투자자들이 부자가 되어 부강한 국가를 만드는데 일조할 것"이라고 밝혔다. 이어 "나의 가장 큰 원동력은 나를 아는 모든 투자자들이 부자가 되고 있다는 것"이라며 "이것은 내 삶의 기쁨이고 행복이다. 우리 모두 부자가 되어 이웃을 위해 기부도 하고 더 많은 사람들이 부자가 될 수 있도록 김원기를 널리 알려 모든 투자자들이 부자가 되고, 우리나라가 세계

강대국이 되는 것, 이것이 바로 내가 해야 할 일이다"고 강한 포부를 밝혔다. 아울러 사회공헌에서도 나눔 장학금과 보육원 사랑의 자선기금 전달 등 훈훈한 미담의 주인공으로 각계에서 화제가 되고 있다.

세계로TV의
신가치투자로 돈 번 사람들

초판 9쇄 발행 2014년 8월 8일

지은이 ｜ 김원기
펴낸이 ｜ 한미영
펴낸곳 ｜ 글로벌북스

총괄 본부장 ｜ 한세원
기획 · 편집 ｜ 아람
마케팅 ｜ 노순길 · 박은숙
경영 지원 ｜ 전재진 · 유석
디자인 총괄 ｜ 맹득재
업무 지원 ｜ 김원준

출판등록 ｜ 2013년 12월 3일 제 2013-000376호
주   소 ｜ 서울 마포구 회우정로 16, 701호
주문전화 ｜ 02-3142-2324
팩   스 ｜ 02-338-3348

표지 ｜ 김윤남
본문 ｜ 정현옥
종이 ｜ 월드페이퍼(주)
인쇄 ｜ 한영문화사

값 14,000원

ISBN 979-11-952235-1-0 13320